「認識你自己」

——通往德爾菲（Delphi）神諭入口的題字

業力神諭占卜卡

遇見你自己‧透過占星指引未來！

蒙特・法柏 Monte Farber ㊔ 吳亞彝、徐彬 ㊕

KARMA CARDS

Amazing Fun-to-Use Astrology Cards to Read Your Future

我帶著愛與尊敬，
將業力卡和這本書
獻給我的妻子和靈魂伴侶艾米・澤納（Amy Zerner），
我天堂中最閃耀的明星。

目錄

【推薦序】

連結高我的1728種方式

塔羅與占星整合專攻——芊地 Chendi

第一次遇見這副牌卡是二〇一三年的英文版本，而今終於有中文版本問世了，眞是令人開心！《業力神諭占卜卡》是結合占星與占卜的一副牌卡，與任何牌卡一樣，可以從零基礎學起，它的設計是奠基在占星學系統下，於是更成爲了占星學的最佳入門牌卡。這副牌卡沒有複雜的牌陣與艱深的語彙，透過最爲核心的占星三要素：行星、星座與宮位，可以發展出一千七百二十八種組合；透過占星學的象徵意義可以得到屬於自己的解讀，是一套便捷又能快速連結高我的牌卡！

回想當時我正在研習古典占星與塔羅的相關課程，而塔羅與占星亦是我此生摯愛的兩樣奧祕，於是對《業力神諭占卜卡》更是愛不釋手，而今也慢慢整合出自己的詮釋心法，詮釋牌卡原作的占星語句偏向現代心理占星，而我的所學是兼容並用奠基在古典與現代的占星學，因此在面對問題時會將問題歸納後，選擇以古典占星的邏輯系統去推演牌面意義，或是以現代占星的心理分析技巧來解讀牌面徵象，而我也在運用牌卡的過程中發現，這是簡易的卜卦占星（Horary Astrology）概念，若要充分發揮此牌卡的效力，取決於占卜者本身對於占星學的底蘊深厚程度，方能讓這套牌卡充分顯化出它的驚人影響力！

如同塔羅牌一樣，作者也針對每一張牌卡寫下牌義，而每一張牌義就對應到所屬占星意涵，再加上牌卡上的語句設計與精準圖畫象徵，只要將牌卡依序從行星、星座、宮位排列好，即便暫時不理解占星意涵，也能從每一行語句與圖像讀取專屬訊息，假以時日，這些占星意涵就會在潛移默化之下通通進入腦海意識之中。

在我長期使用牌卡與教學的這些年，經常會收到學員的提問：占星卡與占星骰是一樣的嗎？它們在使用上有什麼不同嗎？

占星骰（Astro Dice）與占星卡的組成因子乍看之下看似一樣，前者是由三顆骰子所構成，十二面的行星骰、十二面的星座骰與十二面的宮位骰；後者是十二張行星卡、十二張星座卡與十二張宮位卡，一共是三十六張牌卡，既然組成要素一樣，那是否在占卜上也會相同？

我的答案是：「不盡相同！」

再次，解讀技巧取決於占卜者的占星知識多寡，但針對不同的提問與題型在使用上卻不能同等看待，關於它們之間的比對請容我留待所屬課程中再爲您詳盡說明；這套牌卡另一項貼心的設計在於它的雙向用法，一邊是藍色的、一邊是紅色的，若是要問事情的結果與發展則需閱讀藍色文字，而若是想要從中得到行動或心態上的建議則需閱讀紅色文字，並且將語句拆解成身心靈的三種層次對應，不僅能照顧到世俗面向的需求，亦能撫慰及療癒心靈世界。

作者將這套牌卡比喻成攜帶式的聖殿，你可以從中取得神諭，如何得到神之答案呢？只需要祈請你最高善的「高我」，帶著信任，熱忱而誠心地與之連結，即可獲取「認識自我的智慧之鑰」。

人生際遇眞的是非常奧妙，就在今年一月，我開始接觸有關「奧祕」的課程，也正式被啓蒙爲「行者」（ADEPT），課程當中最多的內容就是「冥想」以及與「高我」進行連結，所以重新回頭閱讀這副牌卡的時候，內心有非常多的感觸，也因此在當下有個靈感，決定與高我進行連結並爲讀者抽牌，分享使用這副牌卡時的心態，針對建議的部份抽出的牌卡是：「火星、在巨蟹座、在第二宮」（MARS、IN CANCER、IN THE 2ND HOUSE），而牌卡上的訊息是：「在精神靈的層面——請給予自己高度的耐性，並將能量全神貫注在你的感受與情緒，耐心地給自己時間去感覺這一切。」、「在心智想法層面——面對自己從過去到現在，在學習牌卡上的態度究竟要的是什麼，是準確度？是自我驗證？或是臣服與相信。」、「在身體力行層面——請務必讓自己使用直覺來取得需要的一切答案，必須驅策自己不斷地練習去信任內在的聲音，這是與你高我連結的唯一方式。」

而這副牌卡可以爲讀者帶來什麼樣的影響或禮物則是抽到：「土星、在天秤座、在第十二宮」（SATURN、IN LIBRA、IN THE 12TH HOUSE），牌卡上的訊息是：「在精神靈的層面——經過日臻成熟的合作運用去完善你的信念，這將是與高我合一的最高善的境界。」、「在心智想法層面——幫助自己去覺察、注意到那些在無意識之中的決策，而這些隱性的傾向又是如何的影響著自己。」、「在身體力行層面——在許多不可抗的事件底下慢慢地建構出宇宙背後的和諧秩序，並且鍛鍊自己的靈魂心智，進而讓自己在面對許多不可控的狀態下，讓靈魂保持平衡而穩定。」

想要讓一件事情、一項技術、一副牌卡培養成專業，唯有不斷的練習再練習，接著培養耐心，因爲答案就在時間裡。

使用蒙特・法柏（Monte Farber）業力卡的快速上手指南

1

集中注意力

選擇一個安靜的地方，做三次深呼吸。

2

觀想問題情境

在你腦海中想像一個畫面，並聚焦其上。

3

提出問題

決定你需要的答覆是跟結果還是行動有關。

4 取得回應

a. 將三疊卡片面朝下放好，由左到右依序爲：行星、星座、宮位。

b. 邊觀想問題情境，邊依次輪流洗牌。

c. 將每疊卡片最上面的那一張翻過來。

d. 作爲結果的答覆，讀藍色字；作爲行動的答覆，讀紅色字。

5 闡釋答覆

閱讀卡片上的句子。

它們提供三個層次上的答覆：靈性、心智和身體。

玩得愉快！

1

簡　介

我叫蒙特・法柏，別名是「天體力學家」，是《業力卡》的發明者。有些人說業力卡是個遊戲，當然使用這套卡片也很有趣，但我更把它們視爲一種工具，可以立即讓古老的占星智慧爲你服務的工具，爲未來提供精準的指引——爲你，也爲其他人。

天體力學是物理學的一個分支，主要由艾薩克・牛頓爵士所創，使我們能夠描述和預測會影響行星、恆星和太空中所有其他物體的活動及萬有引力的動力。作爲一名天體力學家，我發明了業力卡來幫助每個人描述及預測會影響人們行動和彼此間引力的動力、所有在地球上演的戲劇之「星」。

一名機械師會使用一套專用工具來調整汽車，使其可以在最佳性能下運作。作爲一名天體力學家，我則試著提供所有人一套自己專用的工具和這三十六張業力卡，藉此我們都能與我們所擁有的知識校準，這知識結合了占星，及近期再度被發現、同樣來自古老源頭：被稱之爲我們的「高我」所擁有的知識，這個詞我稍後會完整解釋。

但你可能會問，業力與占星有關嗎？你可能知道，業力這個詞在一九六〇年代成爲英文中普遍使用的字，當時越來越多西方人，包括我，開始接觸到另類哲學，特別是來自印度、中國和日本的哲學。業力是一個概念，用來描述我們所做的每一件事都有一個相應的結果——可能是負面或正向的（取決於我們做了什麼），我們將在未來面對這個結果，無論是在這一世或未來世。業力相當於《聖經》裡的忠告，「人種的是什麼，收的也是什麼。」

在我自己的研究過程中，我找到一位叫做愛德加．凱西（Edgar Cayce）的傑出人士，他的別名是美國睡眠先知。在他的教導中，特別是關於業力的概念，喚起了我內在的共鳴。

愛德加．凱西於一八七七年三月十八日出生於肯德基農場，死於一九四五年一月三日。在他六十七年的人生中，他展示了最驚人的預知天賦。

他讓自己進入輕微的恍惚狀態後，在只知道世上任何人的名字和地點（在那個當下）的情況下，他便可以成功回答有關那個人的問題，無論是個人還是醫療方面。幾十年來，他預言的醫學診斷和治療現在普遍被認爲是事實，例如壓力和疾病的關係。他的業力和轉世理論、醫療建議、對世界事件的預言遍佈許多書籍，讓全世界數百萬人受益匪淺。

但現在我想和你們分享的是他對業力的定義，因爲這解釋了爲什麼我會將我的發明命名爲業力卡。凱西將業力定義爲「遇見你自己」。他相信我們不是無明命運的無辜受害者。我們只是接觸了我們自己決定應該去體驗的經歷，以充分探索我們的潛力。

很難相信我們所有人在不同時間點都經歷過的痛苦經驗是源自我們渴望探索自身潛力的結果，但要記得，愛德加·凱西在他的恍惚狀態中可以接觸到某些會被後來的先鋒精神分析學家卡爾·榮格博士描述爲「集體無意識」及所有潛意識儲存之資訊的總和，這些資訊曾經存在、確實存在、並將會永遠存在！凱西能夠運用被印度教稱爲阿卡西記錄的宇宙圖書館之能力，解釋了他看似無止盡的精確資訊來源——他在清醒狀態下有時會不同意的資訊。凱西是從這樣一個難以置信的崇高位置發言；透過凱西發言的是我們的高我，是我們所有不同轉世生命的觀察者和眞實參與者，而不僅僅是我們的個體自我。

我們的高我知道無論生活是高是低，應該都是充滿歡樂、值得全心體驗的。我們的高我（凱西在他成千上萬份解讀中詳細記錄的那股力量）知道即使身體必然會改變型態，並回歸到維持物質生命的土壤裡，我們的個體性依然是無法損及的存在，並會繼續生存下去。對於我們的高我來說，它在時光中所經歷的個人生命就像我們擁有、並會在今生不同時期、條件合適時去探索的獨特才能一般。

我們的高我是我們的一部分，這個部分會向我們提供「非理性」的預感、直覺和靈光乍現，以給予我們指導，這使得日常生活有時看起來非常特別。你是否曾經想到某個人，然後沒過多久那個人就打電話給你？你是否曾以向左轉取代向右轉（或相反），然後恰巧遇見一個你不想要錯過的驚喜情況？你是否經歷過在某個清晰的領悟時刻解決了一個擔憂的問題時，那種難以形容的感覺？那麼你就曾接觸過你的高我。如果你曾經，即使只是一會兒——因爲知道你生命的獨特性堅不可摧、是人類進化中寶貴的一部分而感到全然平靜或安心，那麼你就會知道我在說什麼。這就像在最晴朗的日子裡站在山頂上，你可以看見永恆一樣。有人形容那種縱觀、來自高處的寬廣視角，其實只是我們存在的另一個面向——即我們的高我。

回到業力卡和它們的發明者「天體力學家」。如同任何一位好技師，我研究過我的行業。二十年來，我透過世界各種哲學大師的教導來研究個人實相的本質。我研究占星學超過四十年，最強烈的渴望一直是與我的高我連結並保持那連結，如此我便能在協助人類的任務上做到最好。你知道我最後意識到什麼嗎？答案是，你從未與你的高我失聯。

我們的高我所擁有的龐大知識與力量，是每個人一天二十四小時都可以取用的。我們需要敞開心胸，意識到自身神奇的自我引導潛能。但當我們被現代生活裡一千零一個細節所分心時，便是說時容易做時難。作爲一個試圖造福人類的發明家，我清楚看到我們需要的是一種方法，讓我們可以在日常生活中快速輕易地與我們的高我聯繫，以便經常運用我們內在的指引系統。

身爲一位從業中的占星師，我知道占星學（astrology，來自希臘文：astron 意思是「星星」；logos 意思是「推理過程」，相當於星星的邏輯！）擁有幫助人們發揮潛能的能力。透過詮釋占星學的符號語言，一位占星師可以描述我們的性格和我們可預期會遇到的事，以此我們的自由意志可以做出最好的決定。唯一的問題是我們需要知道如何詮釋占星學的符號語言，這需要花很多年的時間，除非你使用業力卡。

在一九八〇年代晚期個人電腦發明之前，我設計了一種方法，首先從占星學的行星、宮位和星座中提取精華，並結合智慧性的詞語來作爲教學工具，以便快速輕易地透過與我們的高我建立連結來回答有關未來的問題，其產出就是業力卡。我這開創性發明的技巧基礎在不同文化中有不同的名稱；但是在我們的年代，它再次由偉大的精神分析學家卡爾·榮格博士定義爲同步理論（Synchronicity，來自希臘語：syn 意思是「一起」；chronos 意思是「時間」）。榮格博士使用「有意義的巧合」理論來解釋其他神諭工具神奇的精準性，例如塔羅牌、《易經》和盧恩符文石。他認爲在同一時刻發生的一切都具有重要的關係，即使不是因果關係。

如果沒有一個人提問的能量，業力卡或任何其他的神諭都只是紙、木頭或石頭。但是當你擁有業力卡或任何其他的神諭，你的每一部分都會成爲其他人的過去、現在和未來，不只能夠連結自己的，也可以連結每個人的過去、現在和未來，只需按照下一章所述的方式詢問業力卡即可。

2

如何使用業力卡

1　集中注意力

你即將與你的高我或內在意識溝通，所以尊重自己（和你的高我！）。選一個安靜、沒有壓力的地方開始儀式。這在你一開始學習時特別重要。大約一個月左右，當你成為一位業力卡大師時，你將會有足夠的自信能在任何時候、任何地點使用這套卡，但現在你必須擁有寧靜，以覺知你潛意識「內在聲音」的表達。

試著進行三次飽滿的深呼吸以幫助你歸於中心，同時感覺有一股看不見的、給予生命的空氣環繞著你、充滿著你，並很快地再次圍繞著你。我們呼吸的空氣持續提醒我們全都有著看不見的連結。依據瑜伽大師的教導，能控制呼吸便能進一步控制心智與身體，使它們與靈魂的關係自然和諧。

2 觀想問題情境

現在，你已經是平靜且集中注意力，針對你想要瞭解的情境在腦海中創造一個畫面。以一段影片、一張照片、一幅畫、一個卡通畫面或任何你覺得合適的形式來觀想你的情況。有些人完全無法以畫面的形式觀想他們的情況，他們要聽到或透過清楚的描述來觀想。只要你專注在自身的問題，就不會出錯。

有些人會深深陷入問題的情境中，以至於很難將情境從腦海中移「出來」。這不是獲得準確答覆的方式。需要專注，但不是過度執著。

3 提問的句型

基本上，業力卡是用來回答以下兩類問題：

1.「（這個情況的）結果會是什麼……？」

2.「（關於、因爲、面對、針對）（這個情況）我應該怎麼做……？」

你的主題也許包括你自己、另一個人、你和另一個人、一群人、一間公司、政府或這個世界上的任何事，或甚至下一世！你可以問下次會面/會議、下個月或期中考試的結果是什麼。要確定你是想知道答覆的，因爲你即將得到答覆！

花時間問兩個或更多關於某個情境的精確問題，而不要浪費時間問一個太籠統或模糊的問題。

用業力卡時，另外兩個可以提問的句型是：

1.「當我……時，需要特別留意的是？」

2.「我會遇到或該準備好面對什麼樣的情況/情緒/氣氛？」

你可能會遇到說「我不知道該問什麼」的人，可以建議他們請業力卡給他們一個訊息，然後讓他們讀卡上的答覆。透過這樣的方式可能會觸發他們的思考，並想到一兩個問題。

我希望你不會因爲業力卡沒有直接回答「是」或「否」，「何時」或「多少」等類型的問題而失望。它們其實是以它們的方式在回答，但我還不能告訴你具體是怎麼運作的。在你學會如何使用本書中的所有知識之後，你自會明白。在會飛之前要先學會跑！

4 獲得回應

將三疊業力卡而朝下放在你的面前，按照以下順序從左至右排列：行星卡放在左邊、星座卡放在中間、宮位卡放在右邊。

請注意：每疊含十二張卡片，每組卡片的區別在於卡片背面的文字和漩渦花紋所使用的顏色不同。行星卡的背面是紫色、星座卡的背面是橙色、宮位卡的背面是綠色。

拿起左邊第一疊標記爲行星卡的卡片，一邊洗這十二張卡，一邊在腦海中觀想情境，然後大聲說出你的問題。如果你可以做到，便能夠肯定你是專注於你的問題的。

洗行星牌組的卡片直到你感覺夠了。有些人會直到問完問題才停止洗牌。有些人會觀想個人象徵或神聖象徵懸停在他們的情境上方，並等到這個象徵物給他們一個準備好的信號。這可能是一個微笑、一個動作或其他任何具個人意義的指示。

中間標記星座的牌組和右邊標記宮位的牌組也重複同樣的流程。如果某張業力卡似乎從牌組中跳了出來，把它面朝下放在這組卡片最上方。它想告訴你一些事情。

要確定三組卡片並排列好，且保持行星在左，星座在中間，宮位在右邊的順序。

現在將每疊卡片最上面那張翻轉過來。注意每張業力卡上面都有文字；有些文字是以三種不同深淺的藍色印刷，有藍色系的裝飾漩渦花紋環繞；其他文字則是以三種不同深淺的紅色排版，有紅色系的裝飾漩渦花紋環繞。

如果你想知道一個情況的結果，調整三張卡片，以便閱讀藍色文字。

如果你想知道在一個情況下你該怎麼做，調整三張卡片，以

行星　星座　宮位

便閱讀紅色文字。按照三張卡的紅色詞語排版順序解讀。

你第一次的解讀看起來可能會像前一頁卡片呈現的那樣，火星代表戰神，牡羊代表牡羊座，第一宮被解釋爲面具。代表行動的文字（紅色）在三張卡片的最上方。要閱讀結果（藍色）文字時，只需要將卡片調轉，一直保持著三張卡從左至右的順序爲行星—星座—宮位。

5

詮釋答覆

最後！有趣的來了。注意業力卡上詞語左邊的單詞，靈、心和身。這些單詞代表你可以獲得三個層面的答覆：

1. 靈性——最能夠滋養你靈魂的是什麼。
2. 心智——最能夠滋養你智力的是什麼。

3. 身體——最能夠滋養你身體需要的是什麼。

這三個層面裡至少有一個層面有著你問題的答覆。但是你的答覆在哪兒？

試著讀一下三張業力卡靈性層面的詞語。看看第29頁的例子中（紅色的）靈性層面的造句為「活化……你的意志力……立刻」，然後同樣在心智和身體層面造句。上述至少有一個句子會是你的答覆。如果你跟隨這些指示，你剛剛應該體驗到了你的高我為你的請求提供指引的滿足感。這是很令人興奮的感覺，對吧？

當你閱讀這三個句子時所引發的內在感覺是你的答覆中很重要的一部分。認眞對待它們。有時業力卡簡單的句子可以挑起令人訝異的深層情緒反應。不要試圖反抗它們。它們提供了一個特殊機會，可以眞正點出你的情況的核心。

記住一個重點：業力卡的答覆是對你而言才有意義，而不是對其他人。如果你在其他人面前使用它們，可以打賭你會收到很多帶著善意的建議。我不是說你應該忽略其他人的建議，只是要記得當你第一次讀到答覆的感覺，就是你的答覆。

6 問題及答覆範例

業力卡最常被問到的是愛情、職業生涯和金錢的問題，緊接著是家庭生活、生活狀況和旅行計畫。我想帶你一步步透過一些例子來感受一下使用這套卡片的感覺。

一個行動問題

一位女性朋友想知道如何提問才能知道如何處理以下的情況：如何與

一個每天都在工作場所見到的某人相處——一個非常吸引她的人。她不想太過積極，但同時她想讓這個人知道她對他是有好感的。

當她說，「對這個讓我瘋狂迷戀、超棒的人，我該怎麼辦？」她提出了一個再完美不過的行動類（紅色）業力卡問題。

在我工作室平靜、沒有壓力的氛圍裡，我請她做三次深呼吸，然後分別洗每疊十二張的業力卡，同時說出她的問題。我要她觀想站在情感對象面前，不知道該做什麼或說什麼。我建議她對於即將收到的訊息不要太緊張，因為我知道她的緊張會影響答覆的準確性。

當她完成後，我將三疊卡片最上面的業力卡翻過來，行星、星座和宮位。我翻轉業力卡，以讓所有回答「我該怎麼做……」這種類型問題的紅色文字方向朝上。

我們現在從左至右連結每張業力卡上各組別的詞語來形成三個句子，靈性、心智和身體層面。業力卡的答覆是：

靈性：珍惜／祈禱的非凡力量／以孩子般的信任

心智：享受／最高和最低的層面／樂趣、浪漫和藝術創作

身體：魅力、藝術和美是……的方式／控制局面，並……／以戲劇化的方式去做

當我問我的朋友業力卡的句子對她來說意味著什麼時，她回答她感覺鬆了一口氣，因爲靈性答覆告訴她，她仍然可以祈禱。過了一會兒，她補充說同一個句

金星一天蠍座一第五宮

子也捕捉到此人的存在給她的感受——像孩子般純粹的希望和興奮。

當她讀心智的答覆時，她笑了，因爲這提醒她，無論輸贏，她都應該感謝她夠幸運，至少能夠體驗到浪漫的悸動，並同時感受到被一個人吸引的至高喜悅，以及無可避免地對一切未能以最好的方式發展的恐懼。她很聰明地意識到體驗一段感情關係不可能沒有害怕失去和分離的恐懼。

身體層面給了她應該怎麼做的鑰匙。幸運的是這位女士很有魅力，也是藝術和美麗事物的愛好者。當她讀到這個答覆時，看到一閃而過的影像，是她邀請這位可能的約會對象陪她去一個知名的巡迴藝術展覽。她很喜歡我的業力卡提供給她的指引，我也要很開心地向你們報告：後來一切都有不錯的進展。

當然，我朋友所獲得的答覆，我也解讀到一些別的意思，我確信你也是。但尋求者（Querente）——即問問題的人——的答案，才是業力卡的關鍵。

一個結果問題

一位我親近且摯愛的親戚投資股票市場很多年。他甚至因爲夙夜匪懈的研究和晚上斷斷續續的睡眠而賺到不錯的回報。他唯一的錯誤是他想要讓我加入他的投機遊戲，但我所有的占星知識都很明確地告訴我，對我來說，投資於非自己的創意計畫不在我的人生規畫裡。但他有一些股票的「可靠情報」，所以我想是時候來問業力卡問題了。

「有人承諾我，所投資的股票會翻倍，結果會如何？」當然，這是一個結果（藍色）問題。

如同每一次，我做了讓自己集中注意力的儀式，然後分別洗了每疊十二張的牌，一邊重複問題一邊想像我這位可能的股票顧問急於讓我買股票，與此同時我頭上有一個巨大的問號。我很有信心，因爲我知道我即將從我的高我那裡得到建議，而這次的情況是我的股票顧問剛好有充分的資訊。

再次，我打開三疊卡片最上方的業力卡，從左至右按照行星、星座和宮位的順序，並翻轉業力卡，將用來回答所有「結果是什麼……」問題的藍色印刷文字面向我朝上擺好。

如同以往，回答我問題的三個答覆是自左至右每張業力卡上三個層面的詞語所連成的句子。這些卡片是：

靈性：對控制……的需要／有自信去創造／讓你感到安全的

冥王星—獅子座—第四宮

心智：執著於／把握……的機會／支持

身體：權力爭奪／對……印象深刻而……／你的家或基地

這些答覆指出一個我之前甚至沒有意識到是問題的主題，直到我的高我用業力卡來提醒我。我受到投資的誘惑不僅是因爲想在投資上有回報，我必須承認，這也是爲了向親戚和我自己證明，我的狀況夠好，足以在這項投機中冒金錢的風險。雖然我們的家因爲到處都是艾米的原創藝術品而令人印象非常深刻，她的美感反映在每個角落，但這個句子，「對……印象深刻而……」也可能指的是一個人對家裡、基地（例如工作的地方）或甚至家庭不夠令人印象深刻的擔憂。閱讀卡片上的文字並盡可能地思考可從中獲得的可能意義很重要。

靈性層面的答覆提醒我，如果要爲我和「我擁有的事物」建立安全感，我必須控制我的自信，如此我才不會感到需要透過讓誰印象深刻來強化它。

心智層面的答覆對我來說很清楚，因爲我問過業力卡這個問題太多次，所以才會出現「執著於……」。如果你每天用業力卡問同樣的問題超過一次，你可能也會發現自己在行星位置見到冥王星或者南交點卡片。

身體層面的答覆並沒有讓我想要出門去買這支股票。我眞的喜愛並關心這位親戚，我想表達我對他生活方式的支持，但這會讓我把要花在其他事情上的錢拿去冒險。這答覆只是強調了我現在眞正的問題是我可能一直想要用「我收入很好，所以可以讓巢裡的蛋在波動市場裡冒險」來試圖讓我的親戚刮目相看。

提醒：業力卡的答覆很個人

當我向我太太解釋我對於這個「錢」的問題的理解時，她問我爲什麼「執著於把握支持的機會」這句話不能單純解釋爲「我想要用投資來賺更多錢，以爲家人提供支持和保障」這個事實？

這是我考慮投資的部分原因，然而你已看到我如何詮釋我的答覆。記住，這是你的情況和你的答覆。你看到什麼就是什麼！

我的第一個反應——那打在我身上、靈光乍現的神奇「啊哈！」感受——我會將它解釋爲我的答覆。那個答覆幫助我比問問題前更加瞭解自己一些。如果使用業力卡也幫助你做到同樣的事，那麼我們都做得很好。

7 結果／行動技巧

我發現使用業力卡最有效的技巧是詢問即將面對的特定情況會有什麼結果。如果我對於答覆不滿意，則詢問什麼樣的行動可以讓事情更趨向我的偏好。

我的一個朋友就她要參與的一個重要商業會議使用了結果／行動的組合技巧。她的第一個問題是：「我與X公司代表們的商務會議結果如何？」

這是她業力卡的答覆：

靈性：把……理想化/致力去達成/你的信念

心智：對……困惑/聚焦於……/隱藏的傾向

身體：犧牲/因……強加的規則而……/大型機構或壓倒性事件

正如你想的那樣，她把焦點放在身體層面的答覆，因此變得有點失望。過去業力卡曾給過她

海王星—摩羯座—十二宮

一些結果蠻準確的建議，所以我理解她的擔心。我提醒她我們人類的意志勝過任何預測——無論那預測來自何方！眞相是如果你想改變未來，你就可以。

預測總是建立在每回預測當下存在的信念與條件之上。如果你致力於改變你在解讀時詢問問題的思維方式和態度，創造行動的思維方式和態度將會引領你至業力卡告訴你的未來，而你會改變你將體驗到的未來。

所以，我的朋友問業力卡她可以做什麼，好讓她和X公司的會議結果對她更有利。她的答覆是：

靈性：以……來促成／激發局面／你的最高理想／耐心地

心智：對……的新想法保持開放／……的規則／你想要的

身體：創造一個方法去……／將它帶給世界，並……／得到你需要的

當我的朋友閱讀她的答覆時很明顯得放鬆了。我問她這些答覆是否有任何與她這次的會議有關，我很高興她回答：「全部。」

她原本對於即將到來的會議結果似乎已有了定見。她想像那會是一場與多年打交道的客戶們的一個平凡無聊會議。她甚至沒想過要對他們之間做生意的方式提出任何改變的建議，更別說是以她的最高理想來運作。但結果X公司即將迎來重大改變，在會

天王星一射手座一第二宮

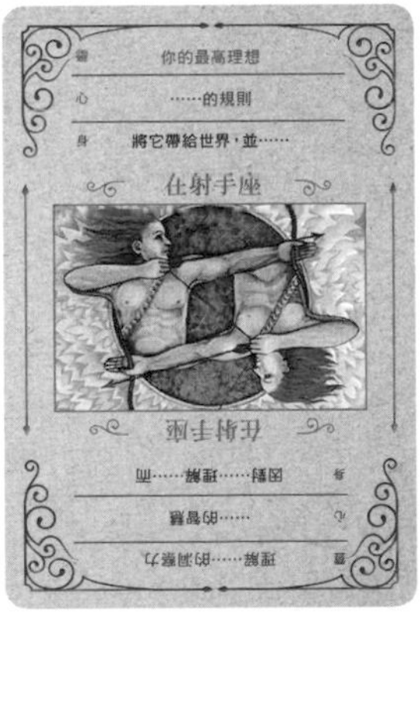

議中為新的宣傳活動提出新的想法，我的朋友得以留下一個本來也許會失去的重要客戶。

我希望我可以說所有業力卡的回答都能如那次解讀一般，既清晰又戲劇性。通常業力卡所形成的三個句子中，至少有一句會直接回答你的問題。

如果你的答覆似乎不夠清晰

如果你的答覆似乎不夠清晰，有幾件你可以做的事。首先，確保你將問題組織成可以用一個結果或行動來回答的情況（參考第25頁），並確認你讀的句子是回答你問題類型的正確顏色（藍色——結果或者紅色——行動）。

第二，請放心，業力卡不會給你一個你會忽視的答覆。先跳脫你的腦袋一會兒。嘗試擴展你的心智，並從不同的角度來看你的答覆。這會是使用業力卡最有幫助的方式之一。

第三，你可以拜訪或打電話給一個沒有介入你情況的朋友；一個過去曾告訴過你眞相，而不會光說你想聽的話的朋友，問問那個人認爲業力卡想告訴你什麼。也許之後你可以幫你的朋友做一次解讀來作爲回報。這會讓你準備好爲一群朋友做解讀，然後每個人都想受邀參加你的聚會！

如果你從組合的句子中仍然無法接收到任何意義，我會不太情願地建議你翻轉你的牌，閱讀另一個顏色的文字所組成的句子。這會給你進一步的思考，但是注意不要讓文字淹沒你的思考。

友善警告

當你跟一群人使用業力卡時，同樣的答覆幾乎對每一個閱讀者來說都有不同的意義，你將會對此感到驚訝。有時除了提問的人之外，其他人都能理解答覆。很明顯的，提問者拒絕看到其他人都很清楚的事。「有眼不看者爲盲」是很符合這情況的經典名句。溫柔以待，並記得另外一句經典：「因上天的恩典，我們才能倖免於難」以及「你們之中誰沒有罪，誰就丟第一塊石頭」是值得記住的忠告。

這聽起來好像我在講道，但我承認我不是聖人。我只是從經驗中知道，有時一個隨口詢問業力卡的問題，可能會讓最強悍的人暴露脆弱的結果。在眾目睽睽之下，這可能眞的會讓一些人受傷，而我相信這可以被稱爲惡業的沃土。

這把我們帶到業力這個詞的另外一個涵義。相當於艾薩克・牛頓爵士第三運動定律的靈性版本，「每一個行動都有一個相同以及相反的作用力。」今天我們說「善有善報，惡有惡報」，這是眞的。

這是爲什麼我會加入這些警告文字。以它原本設計的動機及樂趣來使用。沒有比接觸你自己和你的高我更快樂的事。這是最好的藥，而這又提醒了我：永遠不要用業力卡來取代你尊重和信任的執業醫師的建議，法律顧問也同樣適用。免去處方藥或法律建議並非我的業力卡系統之目的或意圖。

最後的想法

我知道你可以從本書的厚度中感受到這裡還有更多要給你的資訊，所以我說「最後的想法」是什麼意思？好吧，真相是……你已經完成了！全部！完成了！下課了！現在是時候靠你自己使用業力卡，看看「它們還有你是怎麼運作的」這件事，你會有什麼發現。

本書其他部分包含更多占星的細節，以及三十六張業力卡所代表的行星、星座和宮位。我的用意是讓你在有空時去閱讀其他的部分，並在你使用業力卡所獲得的答覆中得到更多靈感。我的書和卡片套組是市面上介紹占星學的最佳作品之一，世界各地的老師們用它來幫助初學者獲得詳盡的基礎知識，同時也觸發他們獲得自己問題的答覆。

要記住每一個三張卡的組合只是三十六張卡片的一千七百二十八種組合之一，可以組合出超過一萬句可能的明確句子來回答你的問題！

正如你從範例問題和答覆中所看到的，業力卡能夠回答你的問題。但我們得到的答覆是我們的命運嗎？那我們的自由意願呢？

如果這個世界上有一件我確信的事，那就是我們的自由意願比任何事都來得強大，命運、占星、其他的科學、其他人的行爲和他們的創造，除非我們允許，沒有任何事能比我們強大！簡單的眞理是我們創造自身的現實。

如果你得到一個你不喜歡的答覆、一個否認你全然知道是怎麼回事的答覆，那就接受挑戰，去改變你的命運。我沒有說這很容易，我是說這可以做到。

問問業力卡，你能做什麼以達成你的使命，看看它有何建議。它們將會盡力做到最好——如果你也是的話。如果你想的話，可以讀幾本我在150頁「延伸閱讀」部分所推薦的書籍。它們將會指引你在個人成長的道路上前進，並會更深入地闡述一些我剛剛請你接受的深刻概念。

其中一個概念是：如果你想改變你的命運，你必須做的一件事是改變你對自己及對現狀信以爲眞的信念。是我們的信念創造我們的實相，如果你想改變一個，你就必須改變另一個。沒有其他的方法，相信我，我試過了。

試著充份利用我們的優勢來幫助我們克服弱點，是現代占星學的目的。這也是我發明業力卡的原因。享受它們吧！

3

黃道十二星座

占星的起源

作爲一名天體力學家，我此刻向你介紹業力卡，就像在向你展示如何使用我最新最好的工具一樣——一個同時擁有古老智慧及年輕刺激的新發現。

正如我已經說過的，我希望業力卡提供你一個方法，以增進你對現實和對你身邊人之經驗的理解。當你幫助身邊的人，你也是在幫助自己，因爲他們會影響你。但誰才是「身邊的人？」你把線劃在哪裡？你的家人？朋友？他們當然對你有所影響。鄰居？寵物？你的寵物對你的影響可能比鄰居更大！你的同胞們？所有地球上的同胞們？地球本身？事實上，影響地球的也會影響我們。

占星學假定地球上的所有人都受到太陽系行星的無形放射性影響。這聽起來可能有些牽強附會，但至少在月亮與太陽的部分，有無可辯駁的證據證明這是眞的，這兩個天體也被占星家和我的業力卡定義爲行星。

我們都知道月亮會影響海洋的潮汐，當滿月之時，人們的行爲舉止似乎也比平常奇怪（可以去問任何員警）。瘋子（Lunatic）這個詞實際上來自拉丁語中的月亮（Luna），即月球。

太陽對我們所有人也都有明顯的影響。太陽的電磁幅射可以讓生命在地球上茁壯成長。我們所感受到的太陽熱能是看不見的射線，以光譜中紅外線的頻率振動。雖然它們對我們來說不可見，但我們可以從九千三百萬英里（譯注：將近一億五千萬公里）之外的距離感受到它們。

太陽巨大和沉重到難以理解。想想這一點：在氫原子通過核聚變變成氦原子的過程中，太陽的質量正在以每秒四百萬噸的速度減少！它是一個超級氫彈！但它在接下來五十億年仍會相對維持不變！

人們認爲正是太陽的質量製造了一種現象——讓地球和其餘的行星在其周圍繞行，也製造了另一種看不見的神奇力量：引力。

事實是，多虧了天才艾薩克．牛頓爵士（執業占星師，人們說他創始的微積分和解釋天體運動的法則是爲了成爲更準確的占星師），我們知道重力是存在的，即便我們不確定它如何與爲何存在。然而你並未看到我這位天體力學家稱呼所有相信重力定律的人爲騙子。這是因爲我太忙於鑽研占星和玩我的業力卡——他們的確準確，雖然我不確定如何或爲什麼準確。

業力卡遊戲是一個神諭。字典對神諭的釋義如下：

1. 神在聖壇給予詢問的答覆；
2. 給予回應的媒介；
3. 給予回應的聖壇。

你的業力卡包含了全部三種！他們代表你個人的移動聖壇、每天二十四小時全天候的媒介，和每個問題的答覆。你只需要提供來自高我的能量和熱情，因爲沒有這些，業力卡只是普通的紙片而已。

我在本書簡介曾提到過的榮格博士「共時性理論」——即使不是因果關係，在同一時刻發生的一切也都具有重要關聯的觀點，這是業力卡和塔羅、《易經》、符文石及很多其他占卜術的基礎。但所有用來理解和預測地球上的情況和事件的技巧中，最古老的無疑是最初發展於北半球的占星術。占星已在無數文化裡運用了數千年，古時占星師藉由觀測天體協助君主及民間預測未來之事，與人民的生存與生活息息相關。因此，這項最古老的職業裡重要的部分是：「幫助人們生存下去」。

我們的祖先密切注視著夜晚的星空。它不僅美麗無比，且提供了固定的背景，以量測月亮的夜間運行。人們注意到一些星星也會移動，他們稱這些特殊的星星爲行星（來自希臘語：planetes，意思是「流浪者」）。每隔二十九天左右月亮會變圓，當它變圓時，便會移動到黃道的下一站——太陽、月亮和行星們看似環繞地球運行時會行經的狹長天空帶（來自希臘語：kyklos zodiakos，意思是「動物圈」）。

每十二個滿月，或者我們現在稱爲的月份，季節會像鐘錶一樣迴圈。這項資訊對我們的祖先來說很重要，因爲他們可以利用來爲不同季節做準備。這是現在被認爲理所當然的事，但在當時可被視爲一件攸關生死的事。

黃道被分成十二等分，每一等分的星群被認定爲一個單位，稱做星群，意思很恰當，是「一組星星」。每一個星群被指派了一個名字，即「星座」，象徵每一年太陽移動、經過或進入該星群或黃道星座時在地球上發生的自然事件。

♈ 牡羊座—公羊

占星符號：公羊的頭

3月21日～4月19日

太陽進入黃道第一個星座的第一天，牡羊座曾標誌著——現在也仍如此標誌——整個地球開始感受到活著的喜悅，以及春天的第一天。公羊及其他生物開始充滿活力地擇偶競爭，用牠們的頭互相猛烈攻擊對方。每個人、每件事都變得忙碌，瘋狂地爲即將到來的狩獵和生長季節做準備。工具磨得鋒利；弓箭、刀具以及犁和大鐮刀也都已預備好，要在全新季節裡行動。

關聯：身爲第一個星座，你可以看出爲什麼牡羊座會跟侵略性的自我主張行爲（像戰爭和「憤怒的紅色星球」火星）、金屬武器和工具、未事先考慮的行動和純粹的誠實有關——或者我們在占星學中說「掌管」。牡

羊座掌管的身體部位是臉和頭。牡羊座時期出生的人遵從第一衝動時能夠表現得最好。

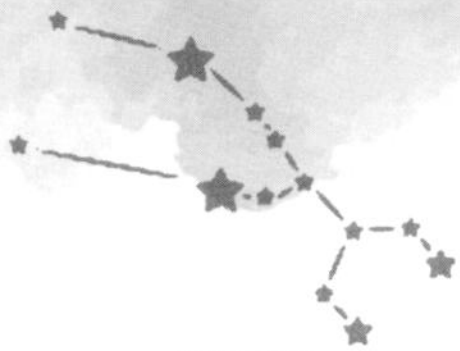
TAURUS

♉ 金牛座—公牛

占星符號：公牛的頭
4月20日～5月20日

當太陽進入金牛座，人們開始駕上他們的牛，且慢慢地、有方法地將土地耕種成美麗而實用的區塊，並種上他們前一年慎重留下的種子。他們去年規劃及保存資源的狀況決定了新一年的產量。他們祈禱豐饒，溫暖的天氣讓他們能夠享受重新甦醒的土地所帶來的美好景象、聲音和氣味。

關聯：如地球一樣，金牛座被好好對待時是有生產力、強壯、可信賴、有耐心、緩慢、實際和慷慨的，但當被逼得太緊時則會固執而暴躁。金牛座掌管的身體部位是脖子、喉嚨以及聲音。金牛座時期出生的人在集中精力、且頑強堅守預先設想好的計畫時能夠表現得最好。

♊ 雙子座—雙胞胎

占星符號：雙胞胎

5月21日～6月20日

當時間終於來到雙子座，原本必須專注在種植工作的迫切性便有所消退。人們現在能夠補足生活中很多先前暫時放下的其他面向。不只是農場生活的其他部份，也有機會進行一些快速的短途旅行、造訪親友。經歷了一個漫長的冬季後，看到熟悉面孔的喜悅抹去了過去曾發生過的任何小分

歧。這是一段淺談交際期，交換家庭新事和當地小道消息，以及討論農業技術、狩獵、烹飪和一般生活瑣事等。

關聯：雙子座掌管二元性、同時感受到雙重情緒、溝通（主要透過說和寫）、基礎學習、永無休止、短途旅行、鄰居和親戚。雙子座掌管的身體部位是手。雙子座時期出生的人在同時做兩件（或更多）事時能夠表現得最好。

♋ 巨蟹座——螃蟹

占星符號：螃蟹

6月21日～7月22日

古代占星家選擇螃蟹，或有時是一隻烏龜，來象徵太陽經過巨蟹座的

時期，因爲牠們的殼可以看作是一座房子。一年中的這個時候，家，也因此代表母親——成爲關注的焦點。家中有修繕和改善要進行，而這通常由母親指導。在每個家眞正的中心——廚房內有著被用來準備食物和儲糧的早期收成。還有最珍貴的禮物，即家庭所需要的照顧，以便能夠培育，並在漫長多事的夏天保障家庭的生活和情感需要。這不僅需要無條件的愛，還需要能夠與感情和直覺建立連結，使房子成爲一個安全的家。

關聯：巨蟹座掌管我們的根、照看、培育、安全感、謹愼、感受、直覺、情緒、土地和家庭。對家和家人緊密的依戀使巨蟹座與過去特別有關。巨蟹座掌管的身體部位是肺、乳房和胃。巨蟹座時期出生的人在有安全感時能夠表現得最好。

♌ 獅子座—獅子

占星符號：收割穀物的鐮刀
7月23日～8月22日

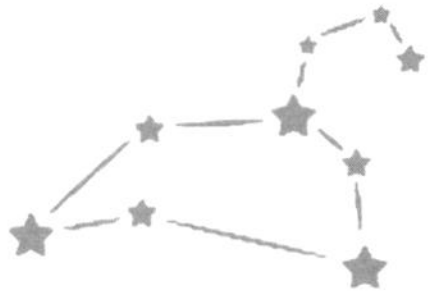

LEO

獅子座時期太陽的熱度是如此強烈，以至於我們都傾向像叢林之王那樣行動，只是玩耍、進食並在尊貴的榮耀中打盹度過一天。獅子座的符號收穀鐮刀提醒人們，要有如國王般尊貴的心、能夠指揮的存在感和組織技巧，才能激勵人們停止在陽光下享樂，並爲收割做準備。當你只是希望其他人去做你想做的事時，也需要透過演技來說服每個人停止玩樂並開始工作才是他們眞正想做的事。這聽起來是不是和你認識的某些「統治者」很像？

關聯：獅子座掌管「掌管」本身，也掌管愉悅、浪漫、自我表達、榮耀、運動、表演、娛樂以及推遲不愉悅的工作。獅子座掌管的身體部位是心臟（國王高貴的心）和下背部（讓他們自豪地挺直腰幹、不向任何人卑躬）。出生於獅子座時期的人，在爲他們所做的事情感到驕傲並得到尊重時能夠表現得最好。

♍ 處女座——處女

占星符號：拿著稻穗的女人

8月23日～9月22日

當時間轉到處女座的時候，即使是最愛玩樂的人也無法否認莊稼已經準備好要收割了。需要完成的工作經過了詳細的分析，且人們意識到在獅子座期間有未完成的工作，對於要完美地完成所有工作所需的時間增加了

擔憂。人們密切關注要產生最佳結果所須具備的邏輯和最有效率的技術。手工除草和天然驅蟲劑在確保植物成熟及人類、牲畜的健康是必要的。

關聯：處女座與分析、注意細節、手工藝品、擔心、衛生和總體健康、食物、勞動、因必須要做的事情而受苦有關。處女座掌管腸道，因爲他們有能力分解和消化食物。處女座時期出生的人在有建設性地使用天生的批判能力時能夠表現得最好。

♎ 天秤座——秤

占星符號：平衡的秤
9月23日～10月22日

天秤座的秤，是黃道唯一既不是人類也不是動物的標誌，提醒我們天

秤座時期是透過稱量收成來與其他年份、農戶們相衡量的時期。聲明約定的夥伴關係已得到履行，貨物也以公平的市場價值得到交換。但是天秤座的完美平衡也是一個提醒：農曆年前六次溫暖的滿月已經過去，接下來六次寒冷的滿月即將到來。我們的祖先知道在那些寒冷的夜晚，平衡、有愛的關係才是眞正有價值的物品。

關聯：天秤座掌管關係、夥伴、來到公眾面前、眞實、正義和律法、和諧與平衡、藝術、美麗和婚姻。天秤座掌管的身體部位是橫膈膜和腎臟（在我們身體中間）。天秤座時期出生的人在追求和諧與平衡時能夠表現得最好。

♏ 天蠍座—蠍子

占星符號：蠍子
10月23日～11月22日

SCORPIO

太陽進入天蠍座是一件生死攸關的事。太陽的熱量正在消失，莊稼、花朵、樹葉也是如此。最沒價值的牲畜被宰殺，肉被保存下來，爲即將到來的冬天做準備。所有的死亡必定提醒了我們的祖先必有一死。但是他們意識到葉子和多年生的農作物和花朵會在春天回來，而一年生的作物和花卉則會透過種子繼續活下去。被宰殺的動物會透過下一代和食用牠們的血肉來生存的人類繼續活著。在祖先的日常生活中，死後仍有某種生活的現實，也暗示了他們死後生命的可能性。

關聯：天蠍座與我們生活中最有力量、最神奇的奧祕、性（生死攸關的問題，如果有的話）、死亡和復活、力量、改變有關。天蠍座掌管的身體部位是排泄和生殖器官。天蠍座時期出生的人在不用考慮交際關係、而可以利用自己的力量來找到事物的核心時，能夠表現得最好。

♐ 射手座—半人馬

占星符號：弓箭

11月23日～12月21日

射手座的箭代表凱龍——揮舞著弓身的半人馬（一半人和一半馬），他是第一位草藥醫生，也是阿基里斯（Achilles）的智者和導師。凱龍的傳說可能是從一位聰明嫻熟的獵人故事開始，也許是第一個在馬背上狩獵的部族之領導者。當不同部落的狩獵團體在途中相遇，坐在夜空下討論遙

SAGITTARIUS

遠的土地，及因騎馬進行的長途旅行中所學到的不同宗教、哲學和習俗時，他們可能也交換了凱龍事蹟的故事。

關聯：射手座與拓寬視野的旅行、更高的學習、廣泛傳播知識、大自然、自然療癒、宗教、哲學、習俗、法律和所有異國的事情有關。射手座掌管的身體部位是大腿。射手座時期出生的人在學習和教學時能夠表現得最好。

♑ 摩羯座—山羊

占星符號：有一條魚尾的山羊

12月22日～1月19日

太陽進入摩羯座時代表著冬至的到來，一年中最短、最蕭瑟的一天。

但是隔天太陽開始向北方爬升，隨著接下來每個正午的天空，太陽朝著春天的重生前進。摩羯座代表夢想結晶（魚的尾巴）進入現實，透過在架構之上（山）努力實踐讓夢想成形（正在攀登的山羊）。我們的祖先知道他們只能藉由在最眞實的意義上做到紀律和保守，才能夠度過冬天的匱乏。

關聯：摩羯座掌管結晶（如同雪花）和所有在變動世界中明顯堅固和永久的東西。它掌管保守、透過最高紀律向上攀登（保持我們的熱情）。摩羯座掌管的身體部位是骨頭、牙齒、皮膚和指甲，因爲它們是維持身體的堅固結構；還有膝蓋，因爲它們能使我們直立。摩羯座時期出生的人在能夠以專注、聚焦的方法來實現被社會認可價值的目標時能夠表現得最好。

♒ 水瓶座—水侍者

占星符號：水被風吹成了波浪
1月20日～2月18日

當太陽進入水瓶座的時期，我們的祖先行動開始受限。沒有因下雪限制在屋裡的人只能拜訪最親密的朋友和鄰居，他們攜手以協助彼此在冬天生存下去。他們跟朋友在一起，分享對未來最大的希望與期盼，以跳脫冬日的單調。他們因爲朋友們的接受而得到啓發，讓他們能夠想像一個充滿友誼的世界，每個人都爲了所有人的利益而盡情表達具滋養的想法與創造。而這些想法對不允許自己去創造未來夢想的人來說是瘋狂的，因此，具有水瓶座傾向的人，想要服務人群，但他們得學會脫離某些言論，是來自較不能理解他們的人。這會讓他們中的一些叛逆者不惜一切代價地渴望自由。

AQUARIUS

關聯：水瓶座與利益人類的想法（因此，水侍者將他的水倒在地上供全人類飲用）、朋友、希望、願望、合作社或工會等組織、怪癖和天才、發明、從情緒抽離、叛逆、渴望不受限制的自由有關。水瓶座掌管的身體部位是腳踝和手腕（我們身體最不受限制的關節）。當水瓶座時期出生的人在改變世界、並爲了人類而讓世界變得更美好的願望有出口時，能夠表現得最好。

♓ 雙魚座—魚

占星符號：兩條魚——一條逆流而上，另一條順流而下

2月19日~3月20日

雙魚座的符號提醒了我們的祖先一年正結束、另一年正開始的轉捩

點。水瓶座的理想被雙魚座悲傷的現實給調和。這是一段情緒化的時期，是時候發現朋友在你需要的時候是多麼可靠。正是冬季的尾聲，供給處於最低點。強壯、有同理心的人必須減少自己的需求，以讓孩童、老人和較不幸的人能夠生存。有時人們甚至爲了他人的生存而付出生命。從遠古時代到現在，人類這個物種得以生存的原因可能是因爲我們克己的能力，有時甚至是殉難。早期的基督徒用魚的符號來作爲識別秘密聚會的場所。

關聯：雙魚座掌管自我意識的否定，這可能以正向的方式發生，如自我犧牲、慈善和對全能力量的信念，或透過消極自我否定的方式發生，如逃避現實、使用毒品和酒精。其他的例子是否定個體意識之重要性的機構，如大公司、政府官僚機構、軍隊、醫院、監獄和一些宗教。雙魚座掌管的身體部位是連結土地的腳。當雙魚座時期出生的人感到在某種程度上他們在服務世界和下一世的萬有一切，且與它們連結時，能夠表現得最好。雙魚座也跟心靈感應有關聯。

雙魚座的魚在海洋裡游著，海洋覆蓋並連結了地球上的陸地。當你將腳放在海洋中時，便與海洋所觸及的所有土地相連。

根據越來越多的研究，有所謂超感知覺的人——如愛德加．凱西、我以及許多人——都被認爲已以某種方式開發了我們都擁有的能力，即和萬有一切所擁有的宇宙思想之海調頻。在我的例子中，我相信我的心靈能力得到很大提升，是因爲我花了很大的精力去創造了業力卡而未使用電腦。這樣做似乎是對我的大腦「重新佈線」，使我能夠從阿卡西記錄——或我們現在稱爲量子場中獲得訊息。

最早和最偉大的量子物理學家之一——愛因斯坦博士（出生於雙魚座），制定了相對論（$E = mc^2$），證明了從根本上來說，所有物質都是由相同的能量組成的。在那個層次上，我們可以和萬有一切溝通，因爲我們直接且不可分割地連結在一起。

太陽回歸牡羊座所在的黃道位置時，代表著春天的回歸。於是循環再次開始。

幾千年來，每個先進文化中的占星師都觀察到特定類型的天體現象與自然、國家和國家統治者的特定事件之間的關聯性。占星學已經發展到，統治者出生那一刻顯示行星位置的天體圖，可以用來解釋並揭示其性格傾向，甚至預測他和他的國家將面臨的情況與情況發生的時機點。當占星師最終爲個人而不是爲國家的統治者繪製星盤（horoscopes，來自希臘語：hora，意思是「時辰」；skopos，意思是「觀察者」）時，便邁出了認可所有人的權利的第一步。

占星師對人類的另一個貢獻是努力尋求更精確的行星位置繪製方法。直到三百年前「科學現實主義」時代開始之前，星象圖和天文學是如此接近，幾乎無法區分。

在尋求製作更精確的星象圖期間，艾薩克·牛頓爵士發現了微積分的原理和運動定律，儘管罕有科學家會承認這一點。所以如果你有任何「科學」的朋友問你爲什麼會對學習占星感興趣，你可以引用他們其中的話。當彗星發現者艾德蒙．哈雷（Edmund Halley）爵士質疑艾薩克．牛頓爵士對占星學的信仰時，艾薩克爵士回答道：「我研究過這些東西，而你沒有。」

4
行　星

行星這個詞來自於希臘文的planetes，意思是「流浪者」，這恰當地描述了行星的狀態——它們移動。你大概知道水星、金星、地球、火星、木星、土星、天王星、海王星和冥王星；但是在占星學中，我們將太陽和月亮也算做行星，並將地球扣掉，總共是十顆「常規」行星。

在業力卡中，我也包含了每個星盤的兩個敏感點，月亮北交點和南交點（有關它們意義的詳細描述，請看第102頁）。現在我意識到太陽是一顆星星，而它並不繞著地球運轉，但它看起來卻是如此，對吧？我們的生活發生在地球上，而它是我們占星星盤觀點上的中心，因此我們將太陽視作一個像能量球的大行星。

如果太陽和其他行星對地球有獨特的影響力，那麼更接近的月亮對地球也必定有所影響。月亮在占星學中是繼太陽之後最重要的一顆行星。這是爲什麼占星學和業力卡都使用月亮和它的南北交點來代表我們生活中截然不同的能量。

接下來是有關行星的更多涵義。我希望這些涵義能引起回應，連結你的問題及業力卡的答覆。

☉ 太陽

太陽的符號在圓圈中心顯示爲圓點，代表靈或萬有存在。它不只象徵著我們在萬有一切之中的獨特存在，也象徵我們在這個世界中的自我——我們都處於個人宇宙中心的想法，正如太陽位於太陽系的中心一樣。

太陽，作爲最重要的一顆行星，跟從混亂中找出秩序，並以此來管轄他人有關。太陽的熱度和光賦予生命，因此太陽代表著父親的溫暖、給予、啓發。它代表著一個賦予後代生命並且喜歡看著他們活出自己獨特生命的父親。他信任他創造物的能力，並爲他們驕傲。他渴望、想像並用意志力創造一些從未存在過的事物。太陽總是願意創造和抓住機會。這既是他的遊戲也是他的目標。太陽掌管我們的心。

關鍵字：自我、在注意力的中心、感覺重要、自尊、熱度、光、一個溫暖或陽光普照的地方、父性、孩子、抓住機會、諸如藝術、運動、或純粹好玩和遊戲的創造力、渴望、相信某人或某事、視覺化、照亮道路、目標、執政和下令。

太陽的訊息：相信你想像的現在已是眞實，你一定會看到你心靈的渴望成眞。

太陽的警訊：即使是最偉大的統治者也必須傾聽別人的建議。一個放縱的自我對你和你的創作會造成比任何敵人更多的傷害。

☽ 月亮

月亮的符號顯示了一個上弦月。兩個半圓象徵著靈或萬有一切分株為個體靈魂。月亮代表個體化靈魂的一半情緒（另外一半用於水星、土星、木星和天王星的符號中，代表純粹心智的一半）。這個符號可以看作是拋物面反射鏡，用於反射、收集和集中從外部或周遭的能量，是一個容納和滋養的碗。

月亮總是在改變形貌，潮汐也隨著她而消長。因此，我們用她來代表不斷變化沖刷著我們的心情、情緒和感覺。然而，因為她反射太陽的光芒，因此她以規律、可預測的週期改變形貌；所以我們也把月亮與習慣和反應聯想在一起。月亮的旋轉週期，或簡單來說滿月的週期是二十八天，與女性的月經週期密切吻合，因此也將月亮跟生育力和母性連結起來。新月，雖然看不見，但她看照著我們，代表我們的直覺、潛意識、模式和過去的制約。月亮掌管乳房和胃。

關鍵字：情緒、心情、感覺、直覺、增長與消退、反射、回應、適應、習慣、循環、我們所依靠的、我們的支持系統、母性、培育、保護、無條件的愛、收養、我們的過去、我們的祖國、烹飪、打理家務、制約、來自靈魂的書寫。

月亮的訊息：認同另一方，如此你將會以最深、最有助益的方式來理解你們雙方的情況。

月亮的警訊：培育，應該培養出具有自己思想的堅強獨立個體，而不是培育者的複製品。

♂ 火星

火星的符號顯示在精神圈上方的物質十字架。雖然實際上十字架被繪製成箭頭，給了火星積極、目標導向的感覺，將十字架放在圓圈上，象徵著注重物質目標超過精神目標。火星這個圖像或「符號」後來被用來代表男性。

火星，「這憤怒的紅色星球」，以羅馬戰爭之神命名，它的表面被發現彷彿受過戰爭破壞的。但是熱烈、性急、快速行動的形象並不是占星學上火星的完整意義。它代表我們的意志力，我們的自我（太陽）所擁有的能量，使我們能夠追求、獲得並完成我們想要的東西。火星是我們如何以個體來主張自己。透過火星，我們藉由挑戰、競爭、辯論以及被迫面對我們渴望、全然投入之事的強度而變得強壯。火星掌管頭部，特別是臉。他也掌管武器。

關鍵字：男性化的原則、主張、領導、奮鬥、點燃、挑戰、戰鬥、爭辯、面對、有勇氣、採取行動、單獨行動、強化、發起、鼓動、競爭、力量、達成和生存。

火星的訊息：實現你的目標，不需要任何個人的妥協。

火星的警訊：如果你將我的精力用於盲目、惡意的侵略，你會很快發現你並不是唯一有強烈欲望的人。

♀ 金星

金星的符號顯示了精神之圈位於物質十字架的上方。對金星來說，這個符號代表著精神價值比現實考量更重要。此外，圖中所描繪的是希望以法律、美、和諧與愛來影響所有接觸到的人，將「絕對的完美」與物質世界結合起來的嘗試。金星符號後來被用來代表女性。

金星是浪漫愛情、美和與它們相關的藝術之行星。善於交際的金星掌管派對和愉快的會面。她只吸引她想要的並拒絕其他，以此來完成目標，繼而讓品味和價值成爲她的兩個特殊才能。外交、機智和溫柔是金星掌管的藝術之中的幾項。事實上，金星總體而言掌管美麗的藝術，涉及精緻形式和設計的藝術，因爲一切在有用之前都必須達到和諧。金星的愛與美擁有團結和療癒我們的力量，難以想像會有更令人渴望、更有力的結合。金星掌管我們的觸覺、味覺和嗅覺。

關鍵字：女性化的原則、吸引、獲得、愛、美化、增進、有品位的舉止、社交、善於交際、享受、價值、形式、辨析、和諧、聯合、組合、提煉、外交、機智、溫柔、療癒、友善、帶來和平、愛和藝術。

金星的訊息：愛萬物之中的美好，並觀察所有美好的事物如何被你吸引而來。

金星的警訊：我追求的美麗不僅僅只在事物的表面。美麗的水果如果核心腐爛了，又有什麼用呢？

☿ 水星

水星的符號顯示靈魂新月的半部心智停在物質十字架及精神圈之上。這就好像金星的符號，也擁有愛、美化、渴望和吸引的力量，再冠上一個拋物面的反射天線（類似月亮）。水星的符號代表著不僅能夠精確地專注於心智渴望的細節上，同時也能夠專注在個人思想，並將其傳達給宇宙。

水星在神話中被稱為「有翼的信使」，它代表了頭腦，是讓我們的自我意識去接收和傳遞事實、想法和資訊的能量。在太陽系裡，水星是距離太陽最近的行星，當它的位置出現在個人星盤的黃道背景中時，水星不是與我們的太陽同一個星座，就是位於太陽的前一個或後一個星座。這可以被解釋成心智的象徵，不是圍繞著我們當前的情況、想著之前的事，不然就是跳到下一件事。藉由一次集中於一個主題、一個事實，水星讓我們能夠在觀點之間找出合理的連結，和進行跟邏輯假設有關的預測性推估。當我們太執著於在事前知道情況的結果時，我們往往會感到緊張和擔憂。水星掌管我們的手、視力和神經系統。

關鍵字：思考、觀察、研究、分析、分辨、將組成的各部分分門別類、批判、推論、邏輯、連接、適應、推動事物、傳播、手作、工藝、形式、細節、預測、計算、象徵化、翻譯、溝通、說、寫和閱讀。

水星的訊息：運用邏輯來做事、說話，便不用擔心浪費時間和資源。

水星的警訊：利用頭腦的分析能力來改善事物，而非撕裂你覺得不「完美」的東西。

♅ 天王星

天王星的符號顯示在精神圈之上，代表個體化靈魂之心智和情緒的新月，在物質的十字架水平軸線上朝兩個不同的方向拉動。此外，**H**是為了紀念在一七八一年發現天王星的威廉．赫歇爾爵士（**Sir William Herschel**）。在天王星的符號中，我們看到代表能量、欲望和意志力的火星符號（♂）正在連結理性和直覺兩極對立面之間的間隙，象徵發明、原創性和天賦的閃亮電火花。你也可以看到象徵愛和愉悅的行星金星符號（♀）顛倒其中，象徵著對與眾不同和極端事物的愛。

當經歷到純粹的心智和純粹的感覺這兩種極端而造成張力的時刻，會產生爆發性的閃光，那便是天王星的能量——而這張力太難以承受了。這兩者渴望團結與融合，好讓它們能夠在一個萬物都有其相反面的世界中有效地發揮作用。但具有強烈的天王星能量的人必須學會何時該釋放火花，他們太常在光譜的一端運作，結果造成不受控制且通常無端發生的破壞性爆發。天王星人的本質是改革者，但也是人道主義者，例如諾貝爾既是炸藥的發明者，也是諾貝爾獎的創始人。

天王星是不走尋常路、極端的行星。最近的衛星照片顯示天王星與其他行星不同，當它圍繞著太陽系旋轉時，是北極而非赤道指向太陽！在占星學中，天王星代表著想要讓我們的生活保持嶄新和興奮的能量。如果我們有意識地嘗試在生活中增加新奇和興奮，那麼天王星將在各方面提供幫助。如果我們抗拒並試圖按照既有的方式維持一切（就像土星希望我們這樣做的那樣！），那麼天王星將出奇不意地突破我們的抵抗，以一種不愉快的方式帶來新奇和興奮。

天王星掌管我們的關節、腳踝和手腕，以及我們直覺的理解力。天王星也掌管科學、發明和發現，以及占星學本身。

關鍵字：不尋常、反常、天賦、閃光、驚嚇、爆發、激勵、驚喜、出乎意料、使之震驚、發明、混亂、徹底改變、改革、反叛、啓發、解放、偏離、破壞、不計畫。

天王星的訊息：當生命是嶄新、新奇、不可預測時是最令人興奮的。維持你生活的新奇，否則我將被迫利用你抵抗的力量來粉碎你的滿足。

天王星的警訊：並非所有舊的都是壞的，正如並非所有新的都是好的，爲了改革而改革在各種層面都是種浪費。

♄土星

土星符號顯示的半圓象徵著在物質十字架之下兩極化、個體化的靈魂之各半心智與情緒。這象徵土星的能量特徵是以物質考量為優先，勝於純粹心智或直覺（儘管後者的確存在）。

在許多方面，土星的能量與天王星相反。土星是天王星這位叛逆孩子嚴厲、保守、傳統的父親。正如它的符號所顯示的，土星像一個錨，阻止我們從應該在的地方漂離。土星會把我們綁在一個地方，讓我們以必要的時間來學習每一個相繼而來、現實的課程，以便能在寒冷、艱苦、眞實的世界中運作。為了瞭解何時（和是否）要從它最新的訓練中釋放我們，土星會依據我們需要學習的課題以適當的磨難來測試我們。雖然這些考驗給了我們珍貴的幫助，但我們通常會像那群被教導為「這都是為了他們好」的孩子那樣回應。土星基本上掌管結構，以及骨頭、牙齒、膝蓋以及我們的聽覺。

關鍵字：結構、具體化、永久、傳統、保守、成熟、恐懼、謹慎、負責、實際、定義、理解規則和限制、嚴厲的、如父親的、權威人物、物質、紀律、憂慮、履行義務、教導、考驗、專注，並忍受限制。

土星的訊息：如果你想要完成爲自己這一世設定的目標，你就必須專注，而不是依據當下的一時興起而行動。我甚至可能會因爲你所發展出的技能和耐力而獎勵你，但你必須等待！

土星的警訊：如果你抗拒我的考驗，且不依你自己設計的規則、限制和制約來訓練你自己，那麼我將親自這麼做。沒有耐心、努力工作和紀律，沒有任何有價值的事物會到來。

♃木星

木星符號顯示的半圓象徵著兩極化、個體化的靈魂各半的心智與情緒，與物質十字架的右臂（面向我們）相連。這象徵著木星的能量是個體化的靈魂和物質宇宙之間有用且和諧的連結。

靈魂知道豐盛是與生俱來的權利，而木星象徵著這種豐盛。相較於土星定錨於物質世界，木星則可被視作一個「天鉤」，藉由「我們會得到渴望的事物，是因爲我們應該擁有它」這樣的認知，來把我們與想要的事物連結起來；有些人把這稱爲幸運。「快活」（Jovial）這個詞源於Jove——木星（Jupiter）的羅馬詞，這並不讓人訝異。但若幸運的人們表現得像是他們已經擁有全部的答案，那麼木星自吹自擂、言過其實的一面就會出現。

木星代表了用於幫助增長知識和理解的工具。若說水星象徵著對個別事實的逐漸領悟，木星便代表整體畫面的匯集。木星是「森林」，相當於水星的「樹木」。當木星開始專注尋求對人類境況的理解時，會創造出法律、宗教和哲學，並藉由出版和傳播來教授及散播這些主題。尋找不同的生活方式會帶來國外旅行。

受到木星的影響，一個幸運、快活的哲學思考家可能會因爲過度享受生活中的美好事物而成爲眞正的「奢活者」（譯註：原文爲 high-liver，意思爲生活奢侈者；liver 另一意思爲「肝」）；難怪人們說木星掌管肝臟，以及血液、靜脈和動脈，它們把生命帶到我們身體的最遠端以及我們的臀部和大腿，幫助我們在地球上移動。

關鍵字：擴展、放大、增加、發展、達成、整合、鼓勵、繁榮、快活、正向展望、運氣、富足、慷慨、寬大、豐盛、教導、廣闊的視野、高等教育、法律、哲學、宗教、廣播、出版、讓一個人接觸新生活、新思考方式的旅行。

木星的訊息：生活的目的是在經驗、知識和理解上成長與擴展。對於這個世界和所有其他世界的一切都是如此。

木星的警訊：記住，據說在通往古希臘德爾菲神諭入口的上方有兩個訊息：「認識你自己」和「適可而止」！

♆ 海王星

海王星的符號顯示個體化靈魂的新月在物質十字架上被刺穿。如果你覺得這聽起來很像受難，你是對的。海王星掌管或與符號是兩條魚的雙魚座密切相關。早期基督徒使用魚的標誌來標記舉行秘密宗教服務的地方，雙魚座和海王星與耶穌的訊息以及自我否認、無私的愛、犧牲和對看不見的事物的信仰密切相關。有時這種激勵人心、爲了更高目標的自我否認，會因爲恐懼而扭曲成自我毀滅、逃避現實的傾向，如自殺、毒品和酒精成癮及失敗主義者的態度。

靈魂眞正的家並非物質世界。科學尚未確定思維、情緒和身體如何以及在何處相互連結。靈魂的源頭超越物質世界，這正是海王星所代表的概念。若土星代表我們所想像的現實，海王星代表的則是超越我們感官現實的現實，以及耶穌所謂的天堂和靈魂眞正的家園。

另一個世界是超越時間和空間的。它是直覺、心靈感應和各種超感官知覺的世界。海王星是海洋之神，當你把腳放進海洋時，你便與世界上所有的海洋及陸地相連。當你與海王星所代表的精微振動的世界共鳴時，你就與所有現在、過去和將來的萬有一切連結。尚未啓蒙者稱這是神秘主義、幻覺甚至妄想。海王星掌管這一類及更多的事物，還有油、精露、氣體、面紗和膠卷（電影也是！）。

阿爾伯特愛因斯坦在他的相對論中證明了「一切即一」這個概念，他發現所有物質本質上都是能量，甚至可以被轉化爲能量。儘管他反對，但這位高度靈性的人士對耶穌話語的證明卻被用來製造今天威脅我們的原子彈。這是精神力量諷刺、扭曲的倒影，也是用來證明，在物質世界中運用海王星的能量是多麼困難的最好例子。當你認為自己理解的時候，你的理解會消失，因為你想起你正在尋找一種「超越理解的和平」。

海王星掌管腳，如果你去學習反射療法科學，你就會學到腳上有穴點連結到身體其他所有部位。按摩這些點可以促進放鬆、個人健康和療癒。相信它，有用！

關鍵字：自我否認、超自然的、靈性的、鼓舞人心的、信仰、理想化、幻想、想像力、夢想和夢幻狀態、雲、困惑、蠱惑、幻覺、欺騙、削弱、消失、犧牲、投降、受苦、殉難、逃逸、吸毒成癮和酗酒。

海王星的訊息：你現實裡的存在比你所想像的還要多。你夢想的世界和任何其他事物一樣真實。

海王星的警訊：如果你只相信你感官所看到的世界，你將永遠有種無法滿足的饑餓感。如同海洋會沖散你腳下的沙灘，我會讓你知道，你精緻的城堡和裡面的一切都是沙所做成的。

♇⯓ 冥王星

對於占星師來說，冥王星在現在、過去、未來都是一顆行星，且是一顆最有力的行星。正如你可能注意到的，當我們在描述行星所代表的能量時，描述本身會變得更長且更複雜。好消息是冥王星是最後一個！壞消息是它可能是其中最複雜的一個。它甚至有兩個符號！

第一個符號（♇）最先看來是冥王星（Pluto）這個單詞前兩個字母的簡單組合，或是帕西瓦爾・羅威爾（Percival Lowell）這個預測會發現冥王星的人的名字縮寫；可能一開始是因爲這些原因而被使用，但如果運用我們對十字架、新月和圓形的瞭解，就會發現意識或神聖計畫似乎進入了一個複雜行星的簡單符號裡。

在冥王星的符號（♇）中，物質的十字架已被分解爲其組成部分、水平和垂直線，但它們保持連結，形成一個直角，而不是四個。冥王星與實體、物品或情況在其有效壽命結束時所經歷的崩解、衰變，並分解還原成最基本組成部分的過程有關，然後允許它們再次成形，像神秘的鳥——鳳凰一樣重生，據說鳳凰是從牠前身的灰燼中升起。在這個過渡期，代表著個體化靈魂心智和情緒兩半的新月仍然依附在物質的十字架上，象徵著靈魂對死亡的超越。

元素鈽的快速分解和衰變將其基本物質轉化爲核爆炸的能量。在固態和純粹能量的狀態下，鈽的威力都非常大。人類利用其力量，製造出了比解決的問題還更多的問題。我們仍然不知道如何安全處理核廢物。當我知道冥王星掌管「最高」和「最低」時，我知道危險將會平衡，並達到同樣的效益。我祈禱我們能夠活著看到這發生。

冥王星第一個符號中的直角，提醒了當我們面對這個星球的能量以及在號稱「只有一種絕對正確的思考和行動」的哲學時，所存在的另一種固有危險。這股能量不僅存在於我們稱之爲「良心」及一些心理分析師稱之爲「超我」之中，也造就了獨裁者、地下犯罪首領（在希臘神話裡，冥王星是地下世界的王）和其他自大狂。希特勒、墨索里尼、艾爾・卡彭（Al Capone，譯註：芝加哥犯罪集團老大），甚至富蘭克林・D・羅斯福都是約莫在發現冥王星的時候掌權（一九三〇年），即是象徵是時候讓人類面對那些遙遠陌生、具傳奇色彩、令人著迷的人物了；他們聲稱知道什麼是對的，而獲得幾乎絕對的權力。

但是，致力於追求「絕對完美」實際上是一種扭曲行爲（冥王星的另一個特色）。冥王星的第二個符號（♇）證明了這一點，我們在其中看到正如金星（♀）一樣，靈魂的圓圈位於物質的十字架之上，象徵著精神的支配凌駕於物質的價值；但冥王星的符號中，精神圈完全與物質十字架和靈魂新月分離。這可以看作冥王星的影響力經常與非人道的行動有關，因爲對絕對事物的完美追求被扭曲成強者對弱者強加的意志。

但這個小而有力的行星也有非常正向的一面。正如海王星的符號（♆），冥王星靈魂的新月也在物質的十字架之上，但不同於海王星，它的靈魂沒有被十字架給刺穿。而是停留在它之上，完美地居中、平衡，同時仰望著精神的圓圈，這是所有靈魂都渴望的理想目標。靈魂將物質世界用於它本身的意義，並視它爲一個學習現實實質基本原則的地方——透過這麼做，靈魂超越了物質世界，達成與精神的結合。乍看之下這樣的結合並不明顯，因爲圓圈似乎漂浮在新月和十字架之上，但如果我們記得海王星告訴我們的，我們就會發現，根據定義，靈魂與精神的結合必須超越時間和空間。

海王星（靈感）過於敏感而無法全然地存在於物質世界中，但冥王星（良心）藉由完美平衡個人經驗的三重本質與身體、心靈和精神，成功地爲個體靈魂獲得力量，並因此，跨越了看似與賦予生命的太陽（自我）分開的巨大距離，並實現了自我的目的。

這反映了每個被拯救的罪人故事，他們只有在下達哈迪斯（Hades，冥府）並會見地下之神冥王星之後，才能找到自己的眞實本性。正是藉由面對他的無情審判，罪人才能從自己的罪中淨化（罪人最終必須意識到，這罪是源於他們不知道自己與靈、一切萬有或上帝——如果你偏好這麼稱呼——是一體的）。

哦，我幾乎忘記。冥王星掌管排泄器官，包括性器官——眞正的冥王星風格。「最高」和「最低」的主題眞的是冥王星的核心。

關鍵字：轉變、力量、超越、復活、清除、再生、毫不留情、殘忍、絕對、良心、超我、控制、癡迷、分解、評斷、淨化、權力鬥爭、消除、死亡和重生。

冥王星的訊息：如果你不斷淨化自己和目標，爲了所有人的利益而工作，我會幫助你。透過掌管自己，你將能掌握自己的世界。

冥王星的警訊：如果你的目標變得自私，我會幫助那些聯合起來的人，他們將把你推翻。在你全然的物質目標上，你會顯得無能為力。

☊☋ 月亮北交點和南交點

月亮北交點和南交點並不是常規行星，雖然它們確實每天通過黃道帶。它們是月球軌道所描繪出來的線與「黃道」的相交點，黃道則是太陽每一年通過黃道十二宮的路徑所描繪出來的線。

幸運的是，在使用業力卡時，可以更容易地理解月亮北交點和南交點的意思。

北交點，它的符號（☊）看起來像線在頭頂上的耳機，是大綠燈。如果你認為它也很像一個幸運的馬蹄鐵，你是對的！當它在業力卡中出現時，你就可以輕鬆地呼吸。你止在做你應該做的，如果你繼續目前的行動計畫，即使你什麼都沒做，一切都會順利進行！

南交點，像把線掛在下巴下面的耳機（☋），是大紅燈。當它在業力卡中出現時，停下來、看、聽，並回想。一些占星師說南交點代表不好的業力，但那是有限、非常消極的看法。業力並不僅僅是因爲你的所做所爲而發生在你身上的壞事。業力是你爲了對自己感覺良好，而決定且必須去做的工作。當南交點出現，它提醒你可能與最符合自己利益的事背道而馳。

5

宮　位

每個人都需要一個地方生活，而行星雖然遊走，卻也不例外。當出生的那一刻，一個占星星盤（也被稱爲占星圖、出生圖、誕生圖、命盤，以及我最喜歡的術語，天空）會被繪製出來，每個人誕生場景周圍行星位置的地圖通常以這樣的方式描繪：類似一個分成十二片的比薩，上面有十尾鯷魚。這十尾鯷魚是一般行星，而十二片披薩中的每一片則是星盤的「宮位」。

你會在本章節中注意到有些字句是**粗體字**。它們描述關於重要的關鍵概念，以理解每個宮位的意義。

正如你所看到的，每個行星代表在生活中運作的不同能量，並以符合它所屬星座的方式運作，而宮位可以精確定位在日常生活中，這些能量會以哪個領域爲主要的聚焦點。

黃道十二星座是我們認識行星時通用的背景，是在我們生活中運作的能量，但宮位讓這些能量變得獨特、個人化。

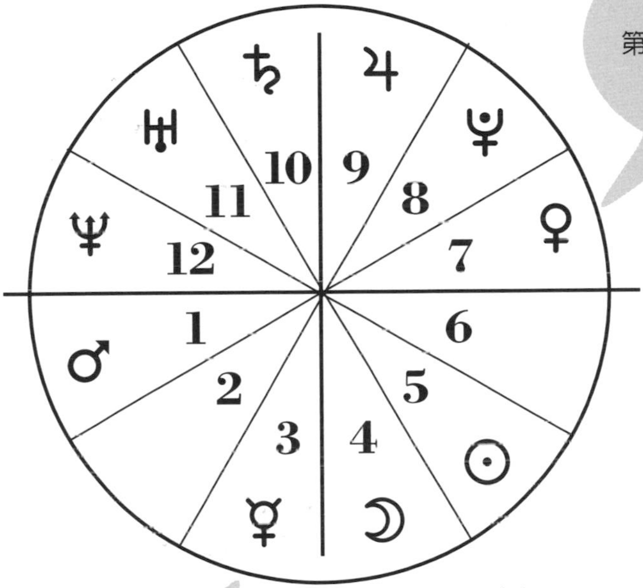

金星是金牛座和第二宮，及天秤座和第七宮的守護星

水星是雙子座和第三宮，及處女座和第六宮的守護星

“在這一頁的宮位圖中，第二宮和第六宮是空的”

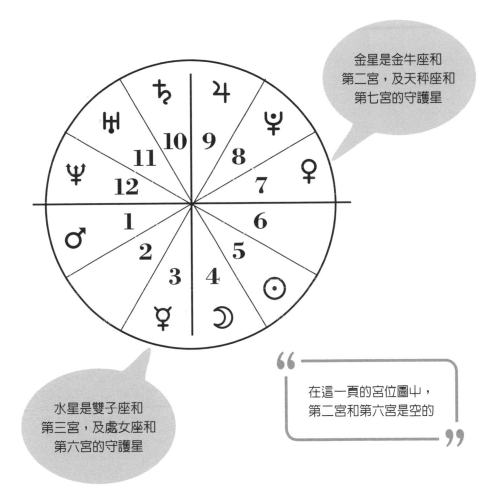

構成每張星盤骨架的水平和垂直線的黃道度數，取決於每個人出生的確切位置和時間（並反過來決定星盤中每個行星「生活」在哪個宮位）。

你可能認得我們在行星討論中提過的物質十字架。這個十字架代表地球，而圖表代表了各行星星座在「世俗」（原文爲mundane，實際、日常或普通的：這個詞來自拉丁語mundus，意思是「世界」）經驗裡運行的能量，即宮位象徵的意義。

某方面來說，它看起來以及運作的方式都非常像是一把槍的校準望遠鏡。記住，**星盤**（horoscope）的意思是「觀看時辰」（look at the hour），而出生星盤是個人的「校準範圍」，我們透過它來聚焦於我們獨特的存在。它可以像望遠鏡一樣運作，讓我們有點距離地觀看自己，或像

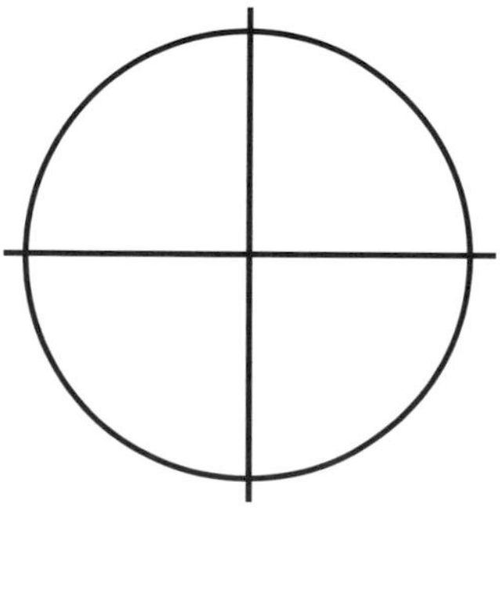

顯微鏡一樣仔細檢視我們的優點和缺點。

請注意：我並不是按照數字順序來討論星盤的宮位，而是會從圖表裡十字架所劃分出的東西軸（水平線）與南北軸（從我們的腳下到頭頂上）所定義的四個宮位開始。這個順序比較容易解釋宮位，而我希望前四個宮位能讓其他宮位的意義更容易被理解。

第一宮

第一宮由上升點或上升星座定義。

占星星盤的第一個宮位是關於**你**。每二十四小時，黃道的三百六十度（分成十二個星座，每個三十度）會在東方太陽升起的同一個點上升起。在出生時刻，東方升起的黃道星座和度數決定了一個人星盤中東方地平線上的點。這被稱爲「上升星座」或「上升點」，因爲它上升到天空中。

我知道無論你曾在哪時候看過地圖，東方總是在右邊，但在占星學中並非全然如此。讓我們回想我們的祖先——第一批占星師們，他們坐在北半球的夜空下，仰望行星和星星們。一年中大多數的時候，因爲地球的南北軸線向太陽和其他行星行經的平面（黃道或黃道帶）傾斜23½度，爲了獲得黃道星座以及穿過它們的行星位置的最佳視角，早期的占星家必須將腳朝著地球之南躺下。

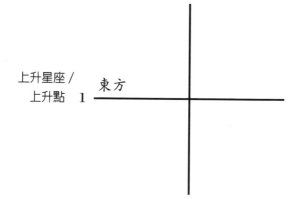

從這個角度來看，行星從一個人的左邊（東方）上升，右邊（西方）落下。也因爲一個人的腳指向南方，太陽會在地球後面，或者在一個人朝北的頭後方。我們繪製星座圖的方式就是占星術起源的提醒！

好吧，讓我們來回顧一下。在你出生的時刻，依據你出生的地點推估地平線正在上升的黃道度數和星座，即爲你的上升星座或者上升點。

這正在上升的角度決定了你

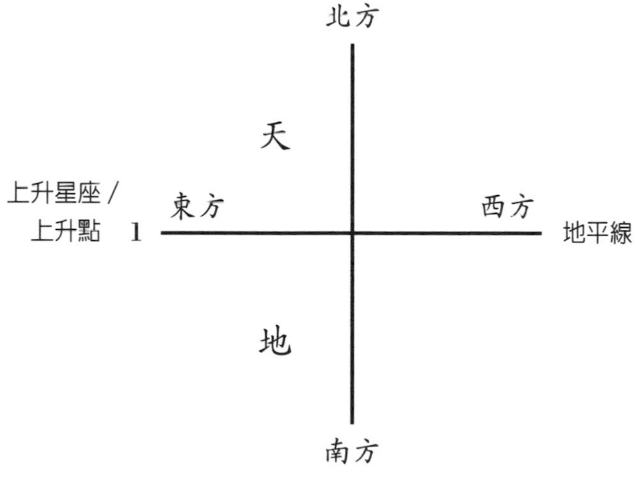

第一宮的起始位置。我不想讓它變得更複雜，但這也稱爲你第一宮的「宮首」。你的第一宮是第一宮宮首／上升星座／上升點**下方**的第一片披薩。（因爲這些術語的涵義相同，它們可以互換，我也會以這種方式交替說明，好讓你熟悉它們）。

第一宮宮首的度數對於理解任何星盤都非常重要。它的重要性只比太陽和月亮少一些。上升點（這是同樣的東西！）象徵我們如何將自己投射於這個世界。我們的太陽星座描述我們如何看待世界，月亮星座描述我們的情緒模式和習慣，上升星座（沒錯！）則描述在他人眼中我們呈現什麼樣子。

就像我們每個人都是電影放映機一樣。太陽是光源，玻璃燈泡的顏色則是出生那一刻太陽位於哪個黃道星座。月亮就像一面集中光線的鏡子，同樣被出生那一刻月亮所在的星座著色，然後透過投影機著了色的濾鏡，「上升星座」來反射集中的光。

偶爾看看這台投影機的人只會看到上升點之鏡頭所投射出的圖片和顏色，但如果他們停下來花點時間去看看裡面，便會看到一個獨特而複雜的系統。這是爲什麼每次有人問我「誰是否與誰相配」時我會微笑的原因。你必須花時間去看所有行星在各自星座和宮位中的交互作用，再看看他們兩人的星盤如何交互作用。

光是瞭解你上升點的性格特質就可以幫助你更好地理解你與其他人的互動。如果你的上升星

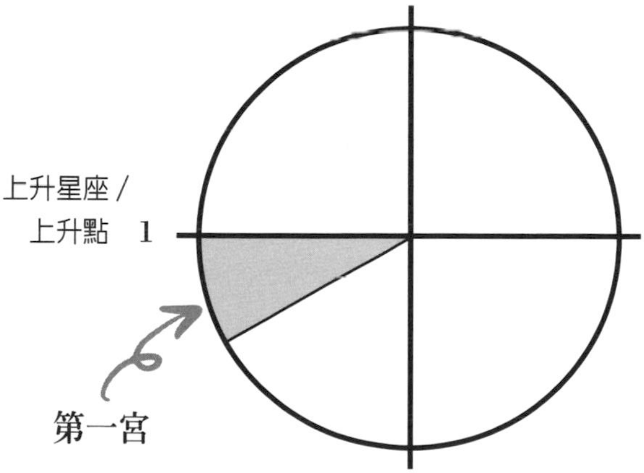

座和你的太陽星座非常不同，了解你的上升點將能解釋爲什麼人們似乎認爲你的行爲方式與你自認爲的非常不同。

如果你的出生時間接近日出時刻，那麼地平線的星座將會與你的太陽星座一樣，你將會是一個「雙倍」的牡羊座、金牛座或任何你的星座。你會發現你不太會被誤解（除非你是天蠍座！），而人們很快會意識到，他們在你身上所見到的就是他們所理解的你。

你也會發現相較於你非雙倍星座的朋友而言，報紙上每日的星座專欄與你的生活有更多實際關聯。

在本書155頁，我將會告訴你如何爲你和朋友取得出生星盤，以便讓你運用業力卡來做你星盤能量運作的基本解讀。

現在你能理解占星星盤的第一宮是關於**你**的原因了吧。只有你出生於這個確切的時刻和出生地。即使是雙胞胎都不是在同一刻出生，他們的星盤會有細微的不同，雖然影響他們差異的主要因素在於他們是兩個截然不同的人，並以兩個獨特的觀點去經驗生活。

所以位於第一宮起點的星座和在其中發現的行星，都和**你的外貌**——**特別是頭和臉**，以及**你的個性**、**對世界的看法**、**能力**和**行動有關**。

在占星學中，各宮位都由享有同樣基本特質的一個行星和黃道星座守護。

第一宮由火星和牡羊座守護。

第七宮

第七宮由第一宮定義。

第一宮宮首／上升星座／上升點的度數不僅告訴我們許多出生圖／誕生圖／命盤／天空／星盤的「屬性」，它也跟第七宮起點的角度完全相反，因此決定了該角度（也稱爲下降點，因爲它在行星降落到地平線以下的位置）。

你的第一宮是第一宮宮首／上升星座／上升點**下方**的第一片披薩，但若從第一片披薩數到第七片，顯示的第七宮應該要是第七宮宮首**上方**那片披薩。

因爲第一宮的基本涵義代表**你**，那麼第七宮的基本涵義即是你的相反——**其他人**。這可能代表廣義上的**大眾**、**你的商業夥伴**，還特別代表你**關係深厚的情人或婚姻伴侶**。

在星盤裡，第七宮的星座和

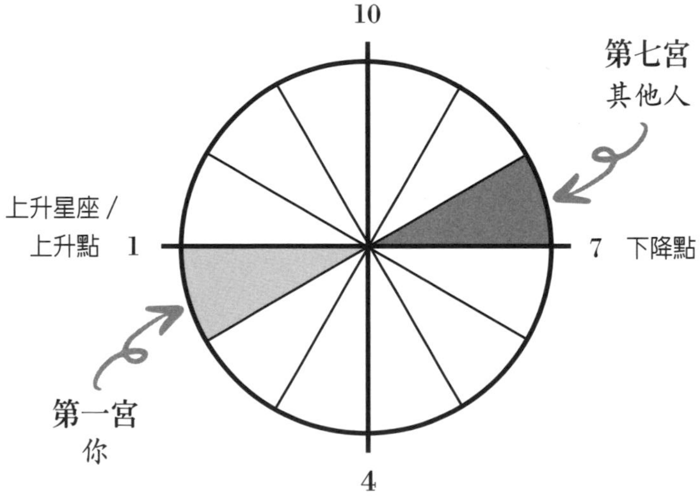

行星暗示著在一般情況下你如何經驗與他人的關係，更具體而言，是你如何經驗可能來到你生命中的夥伴關係之能量。

第七宮由金星和天秤座守護。

第四宮

第四宮在星盤底部。

回到古代早期占星師仰望夜空時的場景，你會想起指向北方或星盤底部，向後、向下指向地球本身的那條線。第四宮的星座和行星與我們**基礎**概念的經驗有關——即**我們在地球上的支持架構**以及**我們對安全感的感受**。

農產和房地產有顯而易見的關聯性，但進一步延伸「基礎和支持架構」的概念，我們會意識到**家**、**親密家人**——特別是**我們的母親或像母親**

一**樣對待我們的人**，以及**我們的過去**，都是我們支持經驗上同樣重要的貢獻者。許多心理學家認為，如果這些因素在兒童時期受到干擾或不可靠，要彌補因此造成的不安全感極其困難。

第四宮的基本涵義是**你從哪裡來**。它是如此重要又全面，以至不需要太多解釋。

第四宮由月亮和巨蟹座守護。

第十宮

第十宮（或天頂）在星盤最頂端。

由於第十宮與第四宮相對，如果你認為第十宮的基本涵義是**你要去的地方**，那你就對了。天頂這個詞的來由很容易理解。它是你出生那一刻在你頭頂天空正中間的黃道度數。天頂也可以稱為「第十宮的宮首星座」。

第四宮掌管**家庭**，第十宮掌管的則是**事業**。和第四宮**親密家人所帶來的安全感**相對應的是第十宮的**名聲**、**榮譽**和來自普羅大眾，特別是來自你敬重的人的**尊敬**。正如你所看到的，它們的意義並非完全相反。事實上他們主要差異在於情境：第一宮和第四宮與經驗的個人和內在感受有關，**第七宮和第十宮則關注於透過外在方式去體驗同一件事的一體兩面**。

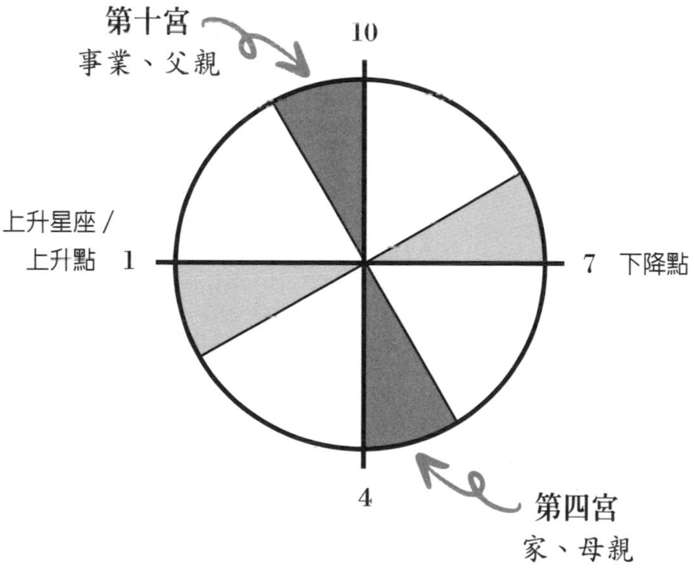

第四宮的母親想要讓你感到安全，以便當你嚴格的第十宮的父親（或在你生命中履行這個角色的人），決定讓你在他引導下發展你的職業生涯時，你可以有安全感地進入世界並盡力而爲。這眞的是一對父母盡力完成一個角色的兩個面向的情況——爲他們孩子的獨立生活做準備。

現在，在你指責我還維持性別刻板印象的男性沙文主義者之前，我想強調占星學是一種涉及原型的符號語言，從某種意義上來說，也可以說是刻板印象。並非每個人的母親都符合滋養、原諒所有、打理家務的第四宮角色形象，但這個宮位的星座**的確**象徵著和你母親的滋養和支持有關的特質（或你父親的特質，如果他在你的生命中扮演母親的角色）及第四宮的其他概念。如果你的母親是一個嚴格、不說無意義之事的女人，對你職業選擇有很大的影響，那麼你會在第十宮的象徵事物中體驗到她。

第十宮由土星和摩羯座守護。

根據與每個行星相關的能量以及所處的星座，任何在這些或其他宮位的行星都象徵與行星所在宮位相關的挑戰議題。這使我想到每個占星學生都會問的問題：「如果星盤中一個特定宮位裡沒有行星的話怎麼辦？」因爲有十二個宮位和十個「常規」行星，每個人的星盤中都會有空的宮位。一個宮位中沒有行星，不代表你不會受到該宮位所象徵的主題影響。相對的，這通常意味著你對那些主題已有很好的理解，因此不需要如同在特定宮位有行星的人一樣去面對它們。

總結

第一宮：你；你如何將自己投射到這個世界；別人如何看待你；你的外貌，特別是頭和臉；你的個性；你對世界的看法；你的能力和行動。第一宮的宮首也被稱爲上升星座和上升點。

第七宮：你的相反；其他人；一般大衆；工作夥伴，有時是你的競爭對手；合約；法律事務；公共關係；關係深厚的情人或婚姻伴侶；一些公開的敵人。

第四宮：你的基礎；使你感到安全的事物；你的家；你的親密家人；你的制約；你的過去；你從哪裡來；你的根；土地和固定資產；你的家鄉；一般而言養育和支持你的人，特別是你的母親。

第十宮：你要到哪裡去；你的人生目標；事業；名聲和榮譽；廣義的權威人物，特別是你的父親。

這四個宮位組成了星盤的「角」。剩下宮位的意義延伸自這四個宮位。

＊　＊　＊

第二宮和第十二宮

第二宮和第十二宮的意義來自第一宮。

第一宮是最個人的宮位。在第一宮**下面**的披薩片是第二宮，在第一宮**上面**的披薩片是第十二宮，它們代表個人的世俗生活領域。

第二宮

第二宮的意義來自第一宮。

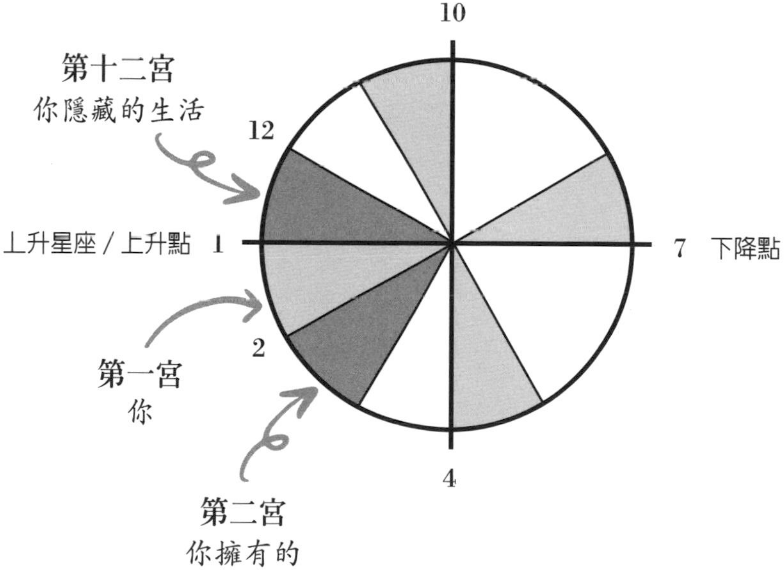

雖然第一宮與**你和你如何將自己投射到這個世界**有關，第二宮與**對你有價值且有助於你將自己投射到世界的一切事物**有關。

這代表**金錢和所有有形的、物質的、可移動資產**，但不只這些。它是**你的價值觀、你重視的東西**。它是**你想要的、你需要的**，以及最重要的是**你認爲**你所想要、需要。有關你所擁有、想要和需要的信念是重要的，因爲它們實際上對你生活中所有情況下的感受和行爲都產生巨大影響。改變你在這些領域的信念能夠對你的生活狀況產生強大、長遠的影響。

歷代形而上學的作家們都主張我們用自己的信念創造自己的現實。已故作者珍・羅伯茲（Jane Roberts）和透過她說話的無肉身靈魂賽斯（Seth）爲這一理論提出一個非常有說服力的證明，我們所有人，無論是單獨還是集體，不僅設計和製造出我們生活的情境，還包含了每個時刻我們所遇見的物質環境！如果這聽起來難以置信，你可以反省過去對你來說有價值的事物，如何以各種方式對你的行爲和行爲所造成的情境產生深遠且根本的影響。

你第二宮的宮首星座和其他在該宮的行星一樣，可以告訴你很多有關**你的價值觀**和**你賺錢能力**（價值觀的結果）的事。行星和星座也可能象徵你對**擁有物**的感受，包括你自己的擁有物和一般「擁有」的概念。你對擁有物的感覺將跟**你如何運用你所擁有的**、和**你如何得到你想要的**有直接的關聯。

你可能會發現，讓你無法感受眞正滿足的原因與**你擁有多少**較無關聯，而和**你感覺自己擁有多少**以及**廣義上的擁有感**其實比較有關。意識到你也許對擁有很多的人抱持著負面感受，也許解釋了爲什麼你不允許自己去創造一個你是富有者的實相。

第十二宮

第十二宮的意義也來自第一宮。

第一宮代表了外在的你和你如何將自己投射到這個世界，而第十二宮甚至更加個人。第十二宮代表了**內在的你**，和**你如何不想要被投射到這個世界**。第一宮是**你想成爲的和想被人們所認知的**，而第十二宮是**你不想被人們認知的你**。

傳統占星師經常稱第十二宮爲「神秘的恐懼、秘密的敵人和否定自我的宮位」，而其根源是顯而易見的。性格上容易下意識地自我懷疑，以及過度自我懷疑而讓事情更糟的人，都會以一種削弱和自我打擊的方式行動，而在這過程中會創造出令人疑懼的敵人。

這並不代表每個在第十二宮有行星的人都以這種方式行事。它確實代表一個人的性格中額外存在且通常隱藏起來的面向，其確切的性質則與該行星所象徵的品質有關。

第十二宮與所有**否定自我**有關。有一些宗教和在**大型機構裡自我只能發展一小部分**，例如**政府**、**軍隊**、**大企業**、**醫院和監獄**等都與第十二宮有關。它掌管工作室而非舞臺，並強調**對隱私的需要**。

因爲地平線分割了第一宮和第十二宮，一個太陽位於第十二宮的人會是在剛日出之後就出生；這是一個安靜、溫柔、美麗的時刻。這可以被稱爲所有個人追尋——特別是冥想——的最佳時刻。這是一個所有事物都團結在一起經歷轉換過程的時刻，在不同世界之間轉換、從黑暗到光明世界、從夢境到甦醒世界，也是迷霧和露水的時光，一切似乎都不是眞的。

第十二宮與**神秘主義**和**信念**有關，它們誕生於新的一天的奇蹟之中。這信念將我們和萬物存有融合在一起，使我們更願意去**寬恕**和**犧牲**，並爲第十二宮增添了**慈善**和**博愛**的概念。

因爲跟一天的第一道光有關，第十二宮也象徵**早年的人生**，大約是隱藏在潛意識（也受第十二宮掌管）裡的第一個七年。許多心理學家認爲這個時期對後來的人生至關重要，很多療癒的目的都在於提高對這個時期的認識。與第十二宮有關的星座和行星象徵著早期的主題，並對後來生活影響的性質提供了洞見，無論這影響是否是我們想要的。

第十二宮由海王星和雙魚座守護。

第六宮和第八宮

第六宮和第八宮的意義來自第七宮。

第七宮與「其他人」的概念有關，除了你之外，會影響「你如何將自己投射到世界」之進展的人，你會想起這是第一宮的涵義。

在成人生活裡最重要的「他人」通常是關係深厚的情人或婚姻伴侶，但和第七宮有關的星座和行星也象徵一個人在商業夥伴、商業競爭對手以及競爭方面的廣義經驗，在這些例子中，另一個人的利益會對一個人的生命產生直接、重大的影響。最後一個概念（競爭）擴大了第七宮的範圍，包括合約和其他法律事務。

但並非所有的夥伴關係都是平等的。很多時候，和其他人工作意味著不是你爲他們工作，就是他們爲你工作。星盤的第六宮和第八宮都表達了因爲與他人接觸、合作而造成計畫效益或權力不平等的議題。

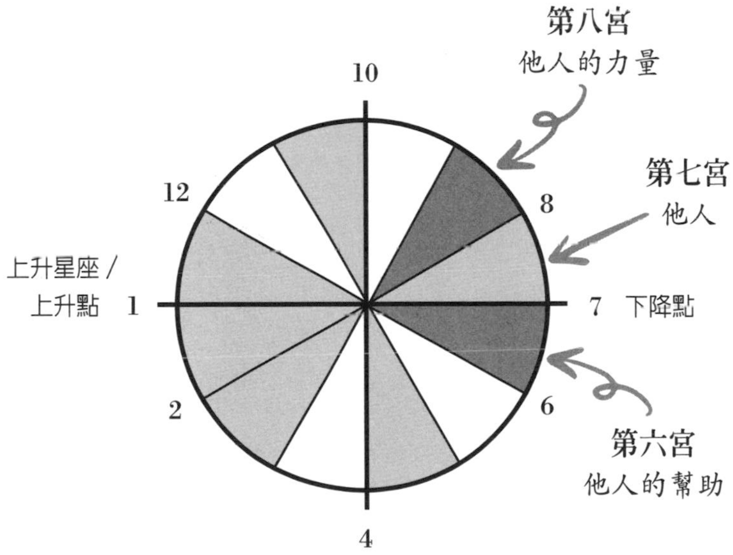

第六宮

第六宮的意義來自第七宮。

正如第十二宮與你隱藏的生活，及其他能為「你」效力或阻礙「你」的事有關（這個「你」透過第一宮來展現），第六宮與**你在隱藏的生活中與他人的關係**，以及**在人際關係中能為你帶來效力或阻礙的事有關**。

最明顯能夠為你與第七宮所代表的他人關係帶來效力或阻力的人就是你，因此第六宮和為其他人**工作**和服務有關，無論是**你為他人工作**，還是**他人為你工作**。較古老的占星教材將第六宮稱為「奴僕」宮。我對此的現代觀點是，第六宮掌管的是你為看得見或認識的人工作，而第十二宮則掌管大型機構，你僅是大機器裡的一個小齒輪，你為看不見或不認識的人工作。

和你的第六宮有關的星座和行星象徵著**為其他人工作你的感受如何**，

以及**其他人為你工作時你感受如何**，而第七宮的星座和行星則象徵著你**與其他人一起工作時感受如何**。第十宮和你的**職業生涯**有關，而第六宮和你的**工作**有關。正如第十二宮和你常做的慈善和公益有關，第六宮則與你所執行的**慈善和志願工作**有關。

傳統占星師將第六宮視為「受苦的宮位」。在過去的日子，服務通常是由受到契約綁縛的僕人甚至奴隸提供。

因為第六宮與**使用身體**來履行工作有關，因此它也與為了保持身體健康以便能夠工作，因而與必要的**身體健康和衛生概念**有關。

因此這也變得與**食物**，以及種植、烹飪、飲食和消化有關。正如西元前四世紀被稱為「醫藥之父」的希臘人希波克拉底的教導：「食物即是藥。」

這是為什麼**療癒**是第六宮的事務。和你第六宮有關的星座和行星不只象徵著你的工作類型，也告訴你很多你對食物和健康的態度。

第六宮由水星和處女座守護。

我想再次聲明，你永遠不該使用業力卡或占星學來取代任何你研究過、尊敬過和信任的合格執業醫師或律師。那不是業力卡的目標或目的。

第八宮

第八宮的意義也來自第七宮。

第二宮和你全然掌握下的資源和價值有關，而這個「你」是第一宮所代表的「你」。第八宮與**你和他人掌握的資源和價值**有關。

因爲不會有兩個人對任何主題都有完全相同的看法，因此很容易理解爲什麼第八宮與力量的概念有關。當兩個或更多人彙集他們的資源，通常是因爲他們匯聚資源能做得更多，但要決定如何使用聯合的資源時，立即關係到誰有權力做出決定。**權力爭奪**對很多委員會來說也非少見之事，但人們彙集資源所獲得的力量是很大的，從長遠看來，通常值得進行必要的調整或妥協。

性跟第八宮的概念有關的原因也非常明顯，以伴侶身分結合在一起，我們可以釋放生命本身至高的力量。因此，我們參與了生命與**死亡**的權力鬥爭，這是第八宮的另一個主題，因爲我們的行動確保了物種的延續。古老傳統譚崔瑜伽的印度教詩人，透過實踐特定的性技巧來實現與神性的精神結合，甚至將性高潮稱爲「小死亡」。

性與死亡，是世上所有種族都研究過之最神秘的主題，對於跟廣義的**神秘學和研究**概念有關的第八宮來說很有象徵性。此外，還有製造「幻覺」的魔術，以及**魔法**，魔法可以說是爲了你或他人的好處而在他人身上施展力量的嘗試。所以和你的第八宮有關的星座和行星能提供你對這些主題感受的有力見解。

第八宮因象徵著權力爭奪的關係，因此也與**改變**的概念有關，而死亡則被視爲在這個物質世界上最大可能的變化。我們在嘗試使用**他人資源**或改變**他人資源**的使用方面會成功還是失敗，取決於我們使用個人力量改變合作夥伴思維的能力。

他人資源的概念，並不僅限於平等的夥伴關係。**貸款**和**遺產**，無論是給予還是接收都與第八宮有關，但這些詞彙本身不僅限於有形財產。你也可以從另一個人身上繼承智慧和力量。

一般而言，第八宮的星座和行星能提供你如何看待、處理共有資源及他人資源的洞見。

第八宮由冥王星和天蠍座守護。

第三宮和第五宮

第三宮和第五宮的意義來自第四宮。

第四宮和「你的基礎」的概念有關。這是讓你感覺到穩定和安全的一切，好讓你把自己準確地投射到物理現實和你上升星座所象徵的事物中。

正如我們在第112頁討論的那樣，如果我們每一個人都是一部電影放映機，組成組件有燈泡（我們的太陽）、一個聚

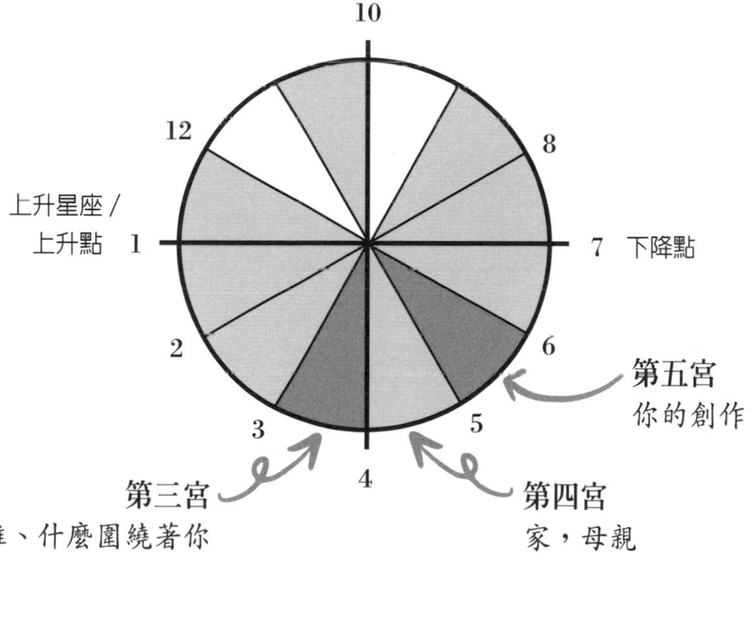

焦／反射鏡（我們的月亮）、一個聚焦鏡頭（我們的上升星座），那麼第四宮是我們的放映機所站立的基礎。若那個基礎被搖晃，你會看到一個失焦的晃動畫面。

穩定的第四宮能激勵我們去尋求和連結家以外的世界（另一項第四宮事務），且出自於眞正的個人興趣，而非絕望與恐懼。

星盤的第三宮和第五宮都跟我們向外延展、連結第四宮（家庭基礎）之外的世界有關。

第三宮

第三宮的意義來自於第四宮。

第四宮代表你的家庭基礎，而第三宮則與**你和家庭基礎與外在世界建立連結的所有方式**有關。因爲這個原因，第三宮代表你的**鄰里**——你家所

「生活」的地方與外界的連結。

第四宮所象徵培育、寬容的父母所給予的特別支持在外在世界並不容易找到。與**兄弟**、**姐妹**、**姨嬸**、**叔伯和其他親戚**的第三宮經驗讓我們能做好經驗社會的準備。

在某些情況下**鄰居**會與第三宮有關，但只有當他們與你互動非常頻繁時，而這在現在的社會不常發生。

與第三宮有關的**常規互動**包括拜訪親戚、鄰居和當地商家的**短途移動**，以及其結果——**資訊和技術的交流**。

所以**談話**、**閱讀**、**書寫**和**所有促進溝通的方法和發明**都在第三宮的管轄事務之中。它們強化了與你周圍的世界**建立連結**的概念。實際上連結的宮位也是親屬的宮位，這很有道理。有時候你知道「誰」比你知道「什麼」有幫助，這是眞的。

因爲**基礎教育**與閱讀、書寫和資訊、技術的溝通有關，因此這個主題也在第三宮的範疇，包括**教導**與**學習**兩方面。星盤中第三宮的星座和行星象徵著我們如何感受與周遭世界的溝通。

第三宮由水星和雙子座守護。

第五宮

第五宮的意義來自第四宮。

第三宮連結你的家庭基礎與周遭既有世界，以上二者是第四宮的象徵。第五宮則與**創造力**有關，它能讓你影響周遭世界。

從第三宮資源所學到有關已知事實和技術的知識結合第四宮的安全感，讓你能夠**抓住機會**，將**什麼應該存在於你世界的想法變成現實**。運用你的**想像力**能夠帶來藝術的創作，因此很明顯可以應用相同的概念，將**孩子**與第五宮連結在一起。

藝術創作和給予孩子生命，都是**賦予之前不存在的事物生命的行動**，這讓你很有滿足感。那之後，當他們已經準備好要過自己的人生，讓他們以自己的方式生活會更好。一個讓孩子爲自己人生做好準備的重要方式是透過**玩耍**。透過假想去經歷他們某天會參與其中的事件，孩子們可以在沒有太多不良後果的情況下探索，並從做中學習。這種**角色扮演**將第五宮跟各種形式的**娛樂**連結在一起。

正如你所看到的，第五宮是**樂趣**、**體育**、**遊戲**、甚至**浪漫愛情**的宮位，這些各種形式、爲了樂趣本身的嬉遊，卻也能讓我們爲其他生活領域做好準備。第十一宮是朋友宮，而第五宮的現代概念則是**有益的朋友**。

上述每件事全都包含了一個我們似乎都很享受的元素——**風險**。我的猜測是，即將逝去的和不再可得的事物，對於我們在望遠瞄準槍眼中這個物質和物理交叉面上的生命經驗來說是獨特的。冒險帶來的**賭博**和**投資**——一個更受社會尊重的賭博形式，都在第五宮的管轄裡。

第五宮由太陽和**獅子座**守護。

第九宮和第十一宮

第九宮和第十一宮的意義來自第十宮。

第十宮的宮首，中天，是星盤的最高點。那是我們渴望達到的目標或野心，以及我們的職業生涯。也是我們個人所定義的成功登高之路。

在占星學中，第十宮宮首代表引領一個孩子進入世界的「父親般的」角色，但更精確地說，中天象徵著所有影響和指引我們個人達成目標的**權威人物**。這些權威人物通常在我們的人生中具有重要意義，**無論我們是否喜歡**，他們的影響已經被吸收並融入了我們達成目標的最基本信念之中。通常這是因爲權威人物的影響從我們兒時已經開始。即使在中天不代表我們經驗父母的方式，第十宮宮首**所**象徵的人對我們也有巨大的影響，因爲他／她填補了最重要的空白。

但如果我們的中天所象徵的人沒有那麼理想呢？那只說明了你和那個人都是人。你們都盡力做到最好，並同時從自身和他人的經驗中學習。

第九宮和第十一宮都象徵帶來影響的人們，但**不是**你的中天所象徵的人，而是那些在你生命中的主要任務是協助你理解目標並達成的人。這些人不是強化中天所象徵之人帶給你的影響，就是幫你解除這個影響。

第九宮

第九宮的意義來自第十宮。

第十宮象徵權威人物，並透過個人互動獲得和行使力量，第九宮則象徵著**世界所尊敬的權威概念和思想**。當第十宮的權威人物試圖影響我們時，通常這個影響力還包含其他需要我們認眞思考的因素。但第九宮的權威影響是重要的，因爲我們知道它對其他人有影響力，因此我們會尋求它。

我們也許會因爲第九宮的另一個作用——**廣泛傳播知識**，而聽說過源自於第九宮的**哲學**。

這也讓**網路**、**出版**和**廣播**成爲第九宮管轄下的活動。這些概念也可能被扭曲爲**思想宣傳**和**假新聞**，除非我們用**更高的思維**（我們看到「森林」而

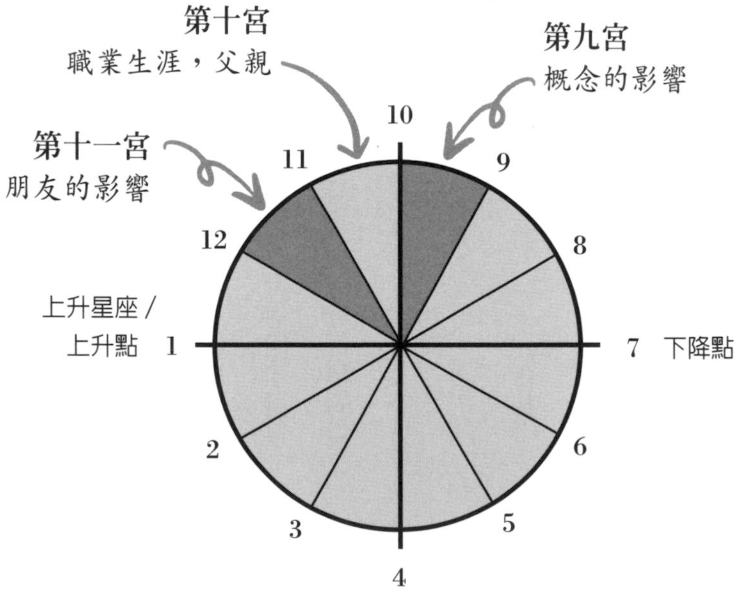

不僅僅是「樹」的能力）來**鑒別**呈現給我們的是絕對眞理，還是**我們知道或相信的眞實**。因爲這個原因，第九宮與**高等學習**有關，包括相關的**教學過程**和**高等教學機構**所應傳達的**知識**和**運用該知識的智慧**。

第九宮「**受人敬重的權威給出明智判斷**」之形象，衍生出**正義**和**法律**的概念。但正義和法律必定要在賦予它們生命的文化架構內才得以存在。架構法律時必須考慮**民俗**，否則法律不會被遵守。習俗和哲學的結合產生了宗教，但是所有宗教的核心，都是創始人/哲學家以語言文字來訴說的**靈性價值**，他們試圖給予神的本質最佳的解釋。那是一項不簡單的任務。

很容易就能看出爲什麼旅行**擴展你對世界的理解，及你在其中所處位置**會是第九宮的事。旅行可被視爲傳播的另一端，但不是世界走向你，而是你走出去看世界。世界也會觀察，並透過你遇到的新風情民俗和生活哲學來與你互動。

所以第九宮讓你能夠建立目標，但不僅僅是基於個人經驗和教導的影響。第九宮所賦予的**觀點**給了我們踏出個人自我的機會，並稍微以神的可能視角來看世界——以**寬容**和**欣賞**面對其他人的不同。

第九宮由木星和射手座守護。

第十一宮

第十一宮的意義來自第十宮。

第九宮跟被世界尊重的思想與觀點權威有關，而第十一宮則與**你以及跟你有共同連結的人所提出的權威觀點和想法有關，但他們跟你並非是浪漫關係**。

你覺得最明顯跟你有連結的是**你的朋友**。除了一起揮霍的歡樂和共同參加的**派對**外，跟朋友在一起會讓你對於你是誰感覺很好。完成第十宮目標的壓力，在連結欣賞**現在的你**的人們時變得減輕了一些。

有時（但不總是）你的朋友是和你享有共同目標的人，或是他們也投入相似職業領域。就算大家並非親密朋友，你依然可以透過與他們形成**協會**、**俱樂部**和**聯盟**來獲得相當的收穫。所有**擁有共用目標的團體**都在第十一宮的管轄之下。當然，任何曾經屬於俱樂部或聯盟的人都知道，有時很容易忘記每個成員都享有共同的目標。在一群對於**共同目標應該如何達成**有著不同**期待**和**希望**的群體中，有微小差異的產生也是很自然的。

第十宮的權威人物是權勢的具體化身，第九宮的權威是已確立的原則，權勢人物希望藉以讓自己的權威正當化，第十一宮則象徵擁有自身想法的個體，以單獨或群體形式，試圖完善和散播他們**獨立的觀點**，以便有一天他們也成爲權威。

那些擁有獨立見解的人通常被世界視爲怪人或天才。第十一宮也包含了與其相反的第五宮所象徵的相同創意精神，但第十一宮的創造力不僅僅是像藝術那樣只爲了自身而存在，而是要成爲**爲群體帶來效益的創新精**

神。

抽象思維成爲我們想要發明東西時的必要工具。我們必須要能夠想像之前從未存在過的事物，因此我們也必須以全新的眼光來看待現有的事物。這個過程會帶來**創意性突變**，但只有我們敢專注在第十一宮**解決問題的能力**、**發明的想像力**及**想像**尚未出現的**未來**時，才可能出現。這代表了科學最純粹的形式。

占星學本身也是在第十一宮的管轄之下。透過了解我們及所屬組織內的成員有什麼樣的能量在運作，我們才得以用最好的方式完成目標。

第十一宮由天王星和水瓶座守護。

6

祕　密

噓！不要告訴其他人！這只專屬於像你一樣認眞讀完星座、行星和宮位之進階意義的業力卡學生。你的耐心和知識即將得到嘉獎，因爲……你知道嗎？業力卡能夠回答「是與否」的問題。

我知道我說過業力卡無法這樣做，但請以這種方式來看。當你知道機械師的知識深度只是一些小伎倆，只能暫時解決你車子的問題時，你會想要他來修理你的車嗎？我想不會。既然你已經知道業力卡的核心是什麼，我相信你可以用業力卡原本設計的目的來給自己和他人解讀。享受你的新工具！

說明：要從業力卡獲得一個是或否的回答，只要洗一下行星牌組，抽一張「不」和四張可能的「也許」作爲答覆。

☉ **太陽**：是。前景是陽光、明亮的。

☽ **月亮**：也許。依你的感覺、預感和直覺進行。

☿ **水星**：也許。依邏輯、情理和事實進行。

♀ **金星**：是。每件事看起來都很美。

♂ **火星**：也許。你必須爲你想要的奮鬥。

♃ **木星**：是。你會成長和擴展。

♄ **土星**：也許。你需要忍受一些課題。

♅ **天王星**：不。你想讓一切變得混亂嗎？

♆ **海王星**：不。此刻事情太不明朗。

♇ **冥王星**：不。在有人或有事控制你之前先控制你自己。

☊ **北交點**：是。是。是的！

☋ **南交點**：不。不。不是！

延伸閱讀

以下是有關健康、療癒和靈性的好書，能夠協助你增加對生命的理解和享受。此處列出的書籍是在我心中特別優秀的書，它們對於促進我個人的成長非常寶貴。

Campbell, Joseph. *Myths to Live By*. The Viking Press, Inc., New York, 1972.

Gawain, Shakti. *Living in the Light*. Whatever Publishing, Mill Valley, CA, 1987.

Golas, Thaddeus. *The Lazy Man's Guide to Enlightenment*. Bantam Books, Inc., New York, 1972.

Greene, Liz. *Relating: An Astrological Guide to Living With Others on a Small Planet*. Samuel Weiser, Inc., York Beach, ME, 1980.

Hay, Louise L. *You Can Heal Your Life*. Coleman Publishing, Farmingdale, NY, 1984.

Jones, Marc Edmund. *How to Learn Astrology*. Sabian Publishing Society, Stanwood, WA, 1970.

Jung, Carl G. *Man and His Symbols*. Dell Publishing Co., Inc., New York, 1968.

Kempton-Smith, Debbi. *Secrets from a Stargazer's Notebook*. Bantam Books, Inc., New York, 1982.

Parker, Derek and Julia. *The Compleat Astrologer*. McGraw-Hill Book Co., Inc., New York, 1971.

Ponder, Catherine. *The Dynamic Laws of Prosperity*. DeVorss & Company,

Marina del Rey, CA, 1962.

Stearn, Jess. *Edgar Cayce, The Sleeping Prophet*. Bantam Books, Inc., New York, 1967.

Roberts, Jane. *The Nature of Personal Reality* (A Seth Book). Prentice-Hall, Inc., Englewood Cliffs, NJ, 1974.

Thorsten, Geraldine. *God and Herself*. Avon Books, Inc., New York, 1981.

Yogananda, Paramahansa. *Autobiography of a Yogi*. Self-Realization Fellowship, Los Angeles, CA, 1973.

進階閱讀：

任何由史蒂芬・阿若優（Steven Arroyo）、喬瑟夫・坎伯（Joseph Campbell）、麗茲・格林（Liz Greene）、羅伯・漢（Robert Hand）和珍・羅伯茲（Jane Roberts）所寫的書。

致謝

我想要向 Jennie、Lennie、Doris 和 Karen Farber 以及 Rose 和 Morris Harth 表達我的感謝，他們滋養我，並讓我的第四宮感到非常安全；謝謝 Jesse Spicer-Zerner 充滿愛的指引和很棒的想法；Lori Solensten 所有的幫助和鼓勵；Leor Warner 展現了占星學和占星師可以創造的奇蹟；還有總是在那裡的有品味且真實的 Dan Romer。我也要感謝 Ray 和 K.C.，他們的高尚精神讓我能在我摯愛、多才多藝的繆思女神 Amy Zerner 的幫助下，爲業力卡命名。

對於能向我的編輯表達深刻的感謝我感到非常開心，謝謝 Kate Zimmermann 相信我的業力卡，謝謝責任編輯 Hannah Reich 的幫助、Shannon Plunkett 設計了封面和內頁，賦予它們新生與新樣貌，並在 Sterling Ethos

出版社找到新家。

如果我不感謝這些人，我就太粗心了：Nick Eddison、Graham Sadd、Micheal Fragnito 和 David Nelson，他們給了初次登場的作家一個機會，並以超乎他想像得還要改變得更多。

運用業力卡瞭解個人星盤

運用業力卡來理解你個人的占星星盤是可能的。例如，假如你的月亮在雙魚第八宮（像我一樣），就像這是一個問題的解答那樣排列業力卡。然後你將會得到六句精準地描述由月亮守護的領域內的能量運作。出來的答覆讓你可以瞭解個人星盤中行星位置所帶給你的訊息。你可以爲剩下九個「常規行星」和月亮南北交點重複這個步驟，從而製作一份相當完整的報告！

作者介紹

蒙特．法柏生於紐約布魯克林。他從事比較宗教學的研究，在一九七四年遇見他未來的太太和合作藝術家艾米．蒂娜（Amy Zerner）時，開始對占星產生興趣。「艾米正在研究占星，而我想要研究艾米，所以我也開始學習占星！占星成爲我們倆愛的語言。」蒙特渴望讓占星更易被大眾理解並認識，因此發明了本套卡（業力卡：透過占星指引你的未來），這套卡片被譯成十四種語言，全球總銷量達三十多萬套。

蒙特和艾米持續創作了很多暢銷書、書與牌卡組，以及讓其他深奧系統也能輕易被理解的獨特套組，如塔羅牌、煉金術、女神、談話板、冥想、薩滿、通靈能力開發和關係等主題。蒙特現在是世界上走在最前端的互動式個人指引系統創作者。

蒙特和艾米共出版了四十五本書、占卜系統和冥想套組，銷量達兩百多萬冊，在全球被翻譯成十四種語言，由Sterling、Simon & Schuster、HarperCollins、Weiser和其他出版社出版。在二〇〇六年，蒙特與Sterling出版社達成獨家授權協定，由巴諾書店（Barnes & Noble）在全國發行，且在每間巴諾書店都有自己的專櫃。他最暢銷的長紅書包括《脈輪冥想組》（*Chakra Meditation Kit*）、《業力卡》、《魔法塔羅牌》（*The Enchanted Tarot*）、《靈媒訊息版》（*The Psychic Circle*）、《魔法拼寫版》（*The Enchanted Spellboard*）、《眞相精靈靈擺組》（*The Truth Fairy Pendulum Kit*）、《靈魂伴侶途徑》（*The Soulmate Path*）、《量子肯定法》（*Quantum Affirmations*）和《速讀塔羅》（*Instant Tarot*）（譯注：以上除《業力卡》外，中文牌卡套組名稱皆爲暫譯）。

艾米和蒙特也創作了一本占星主題的食譜——《星座和季節》（*Signs & Seasons*）及《魔法塔羅牌》和《魔法世界》（*Enchanted Worlds*）著色書。

訪問蒙特和艾米的網站：TheEnchantedWorld.com、蒙特的網站MonteFarber.com、他的攝影網站MonteFarberPhoto.com以及艾米的網站AmyZerner.com。

橡樹林文化 ❖❖ 衆生系列 ❖❖ 書目

JP0135	聲音的治療力量：修復身心健康的咒語、唱誦與種子音	詹姆斯．唐傑婁◎著	300 元
JP0136	一大事因緣：韓國頂峰無無禪師的不二慈悲與智慧開示（特別收錄禪師台灣行腳對談）	頂峰無無禪師、天真法師、玄玄法師◎著	380 元
JP0137	運勢決定人生——執業 50 年、見識上萬客戶資深律師告訴你翻轉命運的智慧心法	西中　務◎著	350 元
JP0138	心靈花園：祝福、療癒、能量——七十二幅滋養靈性的神聖藝術	費絲．諾頓◎著	450 元
JP0139	我還記得前世	凱西．伯德◎著	360 元
JP0140	我走過一趟地獄	山姆．博秋茲◎著 貝瑪．南卓．泰耶◎繪	699 元
JP0141	寇斯的修行故事	莉迪．布格◎著	300 元
JP0142	全然接受這樣的我：18 個放下憂慮的禪修練習	塔拉．布萊克◎著	360 元
JP0143	如果用心去愛，必然經歷悲傷	喬安．凱恰托蕊◎著	380 元
JP0144	媽媽的公主病：活在母親陰影中的女兒，如何走出自我？	凱莉爾．麥克布萊德博士◎著	380 元
JP0145	創作，是心靈療癒的旅程	茱莉亞．卡麥隆◎著	380 元
JP0146	一行禪師　與孩子一起做的正念練習：灌溉生命的智慧種子	一行禪師◎著	450 元
JP0147	達賴喇嘛的御醫，告訴你治病在心的藏醫學智慧	益西．東登◎著	380 元
JP0148	39 本戶口名簿：從「命運」到「運命」．用生命彩筆畫出不凡人生	謝秀英◎著	320 元
JP0149	禪心禪意	釋果峻◎著	300 元
JP0150	當孩子長大卻不「成人」……接受孩子不如期望的事實、放下身為父母的自責與內疚，重拾自己的中老後人生！	珍．亞當斯博士◎著	380 元
JP0151	不只小確幸，還要小確「善」！每天做一點點好事，溫暖別人，更為自己帶來 365 天全年無休的好運！	奧莉．瓦巴◎著	460 元
JP0154	祖先療癒：連結先人的愛與智慧，解決個人、家庭的生命困境，活出無數世代的美好富足！	丹尼爾．佛爾◎著	550 元
JP0155	母愛的傷也有痊癒力量：說出台灣女兒們的心裡話，讓母女關係可以有解！	南琦◎著	350 元

JP0156	24 節氣　供花禮佛	齊云◎著	550 元
JP0157	用瑜伽療癒創傷：以身體的動靜，拯救無聲哭泣的心	大衛・艾默森、伊麗莎白・賀伯◎著	380 元
JP0158	命案現場清潔師：跨越生與死的斷捨離・清掃死亡最前線的真實記錄	盧拉拉◎著	330 元
JP0159	我很瞎，我是小米酒：台灣第一隻全盲狗醫生的勵志犬生	杜韻如◎著	350 元
JP0160	日本神諭占卜卡：來自眾神、精靈、生命與大地的訊息	大野百合子◎著	799 元
JP0161	宇宙靈訊之神展開	王育惠、張景雯◎著繪	380 元
JP0162	哈佛醫學專家的老年慢療八階段：用三十年照顧老大人的經驗告訴你，如何以個人化的照護與支持，陪伴父母長者的晚年旅程。	丹尼斯・麥卡洛◎著	450 元
JP0163	入流亡所：聽一聽・悟、修、證《楞嚴經》	頂峰無無禪師◎著	350 元
JP0165	海奧華預言：第九級星球的九日旅程・奇幻不思議的真實見聞	米歇・戴斯馬克特◎著	400 元
JP0166	希塔療癒：世界最強的能量療法	維安娜・斯蒂博◎著	620 元
JP0167	亞尼克　味蕾的幸福：從切片蛋糕到生乳捲的二十年品牌之路	吳宗恩◎著	380 元
JP0168	老鷹的羽毛——一個文化人類學者的靈性之旅	許麗玲◎著	380 元
JP0169	光之手 2：光之顯現——個人療癒之旅・來自人體能量場的核心訊息	芭芭拉・安・布藍能◎著	1200 元
JP0170	渴望的力量：成功者的致富金鑰・《思考致富》特別金賺祕訣	拿破崙・希爾◎著	350 元
JP0171	救命新 C 望：維生素 C 是最好的藥，預防、治療與逆轉健康危機的秘密大公開！	丁陳漢蓀、阮建如◎著	450 元
JP0172	瑜伽中的能量精微體：結合古老智慧與人體解剖、深度探索全身的奧秘潛能，喚醒靈性純粹光芒！	提亞斯・里托◎著	560 元
JP0173	咫尺到淨土：狂智喇嘛督修・林巴尋訪聖境的真實故事	湯瑪士・K・修爾◎著	540 元
JP0174	請問財富・無極瑤池金母親傳財富心法：為你解開貧窮困頓、喚醒靈魂的富足意識！	宇色 Osel ◎著	480 元
JP0175	歡迎光臨解憂咖啡店：大人系口味・三分鐘就讓您感到幸福的真實故事	西澤泰生◎著	320 元
JP0176	內壇見聞：天官武財神扶鸞濟世實錄	林安樂◎著	400 元
JP0177	進階希塔療癒：加速連結萬有，徹底改變你的生命！	維安娜・斯蒂博◎著	620 元

衆生系列　JP0179

業力神諭占卜卡——遇見你自己・透過占星指引未來！
（精裝書盒 + 36 張業力神諭卡 + 卡牌收藏袋 + 說明書）
Karma Cards: Amazing Fun-to-Use Astrology Cards to Read Your Future

作　　者／蒙特・法柏（MONTE FARBER）
譯　　者／吳亞彝、徐彬
責任編輯／陳怡安
業　　務／顏宏紋

總 編 輯／張嘉芳
出　　版／橡樹林文化
城邦文化事業股份有限公司
104 台北市民生東路二段 141 號 5 樓
電話：(02)2500-7696　傳眞：(02)2500-1951
發　　行／英屬蓋曼群島商家庭傳媒股份有限公司城邦分公司
104 台北市中山區民生東路二段 141 號 5 樓
客服服務專線：(02)25007718；25001991
24 小時傳眞專線：(02)25001990；25001991
服務時間：週一至週五上午 09:30 ～ 12:00；下午 13:30 ～ 17:00
劃撥帳號：19863813　戶名：書虫股份有限公司
讀者服務信箱：service@readingclub.com.tw
香港發行所／城邦（香港）出版集團有限公司
香港灣仔駱克道 193 號東超商業中心 1 樓
電話：(852)25086231　傳眞：(852)25789337
Email: hkcite@biznetvigator.com
馬新發行所／城邦（馬新）出版集團【Cité (M) Sdn.Bhd. (458372 U)】
41, Jalan Radin Anum, Bandar Baru Sri Petaling,
57000 Kuala Lumpur, Malaysia.
電話：(603) 90563833　傳眞：(603) 90576622
Email：services@cite.my

內　　文／歐陽碧智
封　　面／兩棵酸梅
印　　刷／韋懋實業有限公司

初版一刷／ 2021 年 3 月
初版三刷／ 2023 年 5 月
ISBN ／ 978-986-99764-5-9
定價／ 990 元

城邦讀書花園
www.cite.com.tw

國家圖書館出版品預行編目（CIP）資料

業力神諭占卜卡：遇見你自己．透過占星指引未來！/ 蒙特．法柏 (Monte Farber) 著；吳亞彝，徐彬譯．-- 初版．-- 臺北市：橡樹林文化，城邦文化事業股份有限公司出版：英屬蓋曼群島商家庭傳媒股份有限公司城邦分公司發行，2021.03
面；　公分．--（衆生；JP0179）
ISBN 978-986-99764-5-9（平裝）

1. 占卜

292.96　　110003277

廣　告　回　函
北區郵政管理局登記證
北台字第 10158 號

郵資已付　免貼郵票

104 台北市中山區民生東路二段 141 號 5 樓

城邦文化事業股份有限公司

橡樹林出版事業部　收

請沿虛線剪下對折裝訂寄回，謝謝！

|橡|樹|林|

書名：業力神諭占卜卡——遇見你自己・透過占星指引未來！

書號：JP0179

橡樹林文化

讀者回函卡

感謝您對橡樹林出版社之支持，請將您的建議提供給我們參考與改進；請別忘了給我們一些鼓勵，我們會更加努力，出版好書與您結緣。

姓名：＿＿＿＿＿＿＿＿ □女 □男 生日：西元＿＿＿＿＿年

Email：＿＿＿＿＿＿＿＿＿＿＿＿＿＿＿＿＿＿

● 您從何處知道此書？

□書店 □書訊 □書評 □報紙 □廣播 □網路 □廣告 DM

□親友介紹 □橡樹林電子報 □其他＿＿＿＿＿＿

● 您以何種方式購買本書？

□誠品書店 □誠品網路書店 □金石堂書店 □金石堂網路書店

□博客來網路書店 □其他＿＿＿＿＿＿

● 您希望我們未來出版哪一種主題的書？（可複選）

□佛法生活應用 □教理 □實修法門介紹 □大師開示 □大師傳記

□佛教圖解百科 □其他＿＿＿＿＿＿

● 您對本書的建議：

＿＿＿＿＿＿＿＿＿＿＿＿＿＿＿＿＿＿＿＿

＿＿＿＿＿＿＿＿＿＿＿＿＿＿＿＿＿＿＿＿

＿＿＿＿＿＿＿＿＿＿＿＿＿＿＿＿＿＿＿＿

非常感謝您提供基本資料，基於行銷及客戶管理或其他合於營業登記項目或章程所定業務需要之目的，家庭傳媒集團（即英屬蓋曼群商家庭傳媒股分有限公司城邦分公司、城邦文化事業股分有限公司、書虫股分有限公司、墨刻出版股分有限公司、城邦原創股分有限公司）於本集團之營運期間及地區內，將不定期以MAIL訊息發送方式，利用您的個人資料於提供讀者產品相關之消費與活動訊息，如您有依照個資法第三條或其他需服務之務，得致電本公司客服。

我已經完全了解左述內容，並同意本人資料依上述範圍內使用。

＿＿＿＿＿＿＿＿＿＿＿＿（簽名）

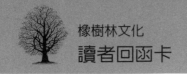